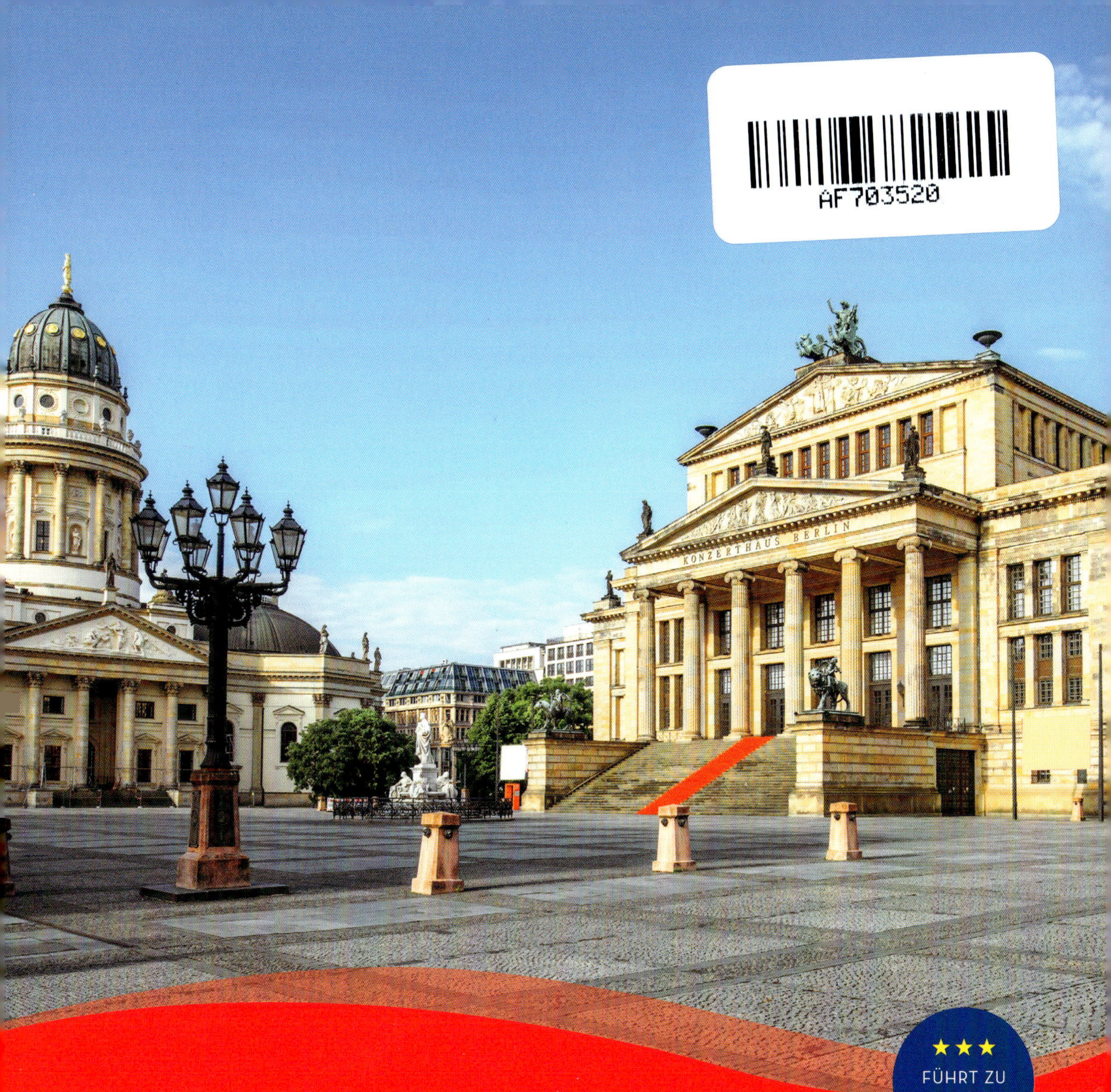

★★★ FÜHRT ZU A1

Deutsch ganz leicht

SELBSTLERNKURS DEUTSCH FÜR ANFÄNGER
MÉTODO DE AUTOAPRENDIZAJE DE ALEMÁN PARA PRINCIPIANTES

ZWEISPRACHIGES ARBEITSBUCH • LIBRO DE EJERCICIOS BILINGÜE

Hueber

Renate Luscher

Deutsch ganz leicht **A1**

Selbstlernkurs Deutsch für Anfänger
Curso autodidacta de alemán para principiantes

Zweisprachiges Arbeitsbuch
Libro de trabajo en dos idiomas

Spanische Bearbeitung
Trinidad Bonachera Álvarez

Hueber Verlag

Quellenverzeichnis

Cover und Rücktitel: © Getty Images/iStock/RossHelen
S. 37: © Hueber Verlag, München/Heribert Mühldorfer
S. 75: von links © Getty Images/Photodisc/Keith Brofsky; © Hueber Verlag, München/ Dieter Reichler; © Hueber Verlag, München/Gerd Pfeiffer; © Hueber Verlag, München/ Jens Funke
Illustrationen: Marlene Pohle, Stuttgart

3. 2. 1. | Die letzten Ziffern
2028 27 26 25 24 | bezeichnen Zahl und Jahr des Druckes.
Alle Drucke dieser Auflage können, da unverändert, nebeneinander benutzt werden.
2. Auflage 2024

Umschlaggestaltung: Sieveking Agentur, München
Satz, Layout und Grafik: Martin Lange, Karlsfeld
Verlagsredaktion: Hans Hillreiner, César Arencibia Rodríguez, Hueber Verlag, München
Druck und Bindung: Friedrich Pustet GmbH & Co. KG, Regensburg
Printed in Germany
ISBN 978-3-19-557482-2

Art. 530_13939_002_01

Índice de contenidos

Cómo se trabaja con el *Deutsch ganz leicht*

Querido alumno de aleman:

Usted ha adquirido un método autodidacta de alemán y quiere aprender un idioma que es la lengua materna de 100 millones de personas. Para que pueda avanzar de una forma rápida y consistente, le vamos a dar algunos consejos que puede seguir a la hora de organizar su programa de aprendizaje. El paquete incluye:

1. un libro de trabajo en dos idiomas 2. un libro de texto
3. audios MP3 descargables bajo www.hueber.de/audioservice (lecciones 1–8: icono CD 1, lecciones 9–15: icono CD 2).

El libro de trabajo es el que le va a servir de hilo conductor y de ayuda para sentirse seguro en cada paso que dé. Es importante que antes de continuar lea siempre las instrucciones del libro de trabajo. La Lección 1 nos puede servir de ejemplo:

T A p. 5/6 + p. 5-7	*Diálogo con ejercicios:* Trabaje paralelamente con el libro de texto (= T) y el de trabajo (= A). En el libro de trabajo encontrará usted el pictograma de los textos orales y la traducción de las instrucciones para realizar cada actividad.
A p. 7-8	*Gramática – Palabras nuevas – Ejercicios:* Trabaje usted según la numeración del libro de trabajo. En él hallará usted explicaciones gramaticales que en el libro de texto sólo se dan de forma esquemática.
A p. 9	*Pronunciación:* En el libro de trabajo también encontrará ejercicios de pronunciación.
T A p. 8 + p. 9	*Informaciones culturales:* Para terminar podrá relajarse usted haciendo un ejercicio referido a algún tema cultural, resolviendo un crucigrama o realizando un juego. Este ejercicio siempre aparece en la última página de la lección en el libro de texto. La traducción y las explicaciones pertinentes las encontrará usted en el libro de trabajo.
A p. 10	*Control:* El control al final de cada lección le indicará si tiene que repasar algún aspecto o si puede continuar.

En el anexo encontrará usted las claves de los ejercicios y un glosario completo al que usted siempre puede acudir si no entiende alguna palabra o la ha olvidado. Al final del curso usted sabrá alrededor de 900 palabras, las suficientes como para poderse desenvolver en la vida diaria, llamar por teléfono o escribir cartas sencillas.

Esperamos que se divierta aprendiendo con nuestro método.

Con los mejores deseos,
Renate Luscher

Guten Tag oder Hallo! – ¡Buenas tardes u hola!

Cuatro personas, Jürgen Heinrich, Chris Bruckner, Rob Klein y Claudia Bergmann, lo van a acompañar a lo largo de este curso. Al principio de la Lección 1 nos encontramos en el aeropuerto y en la estación de Berlín. Chris Bruckner acaba de llegar de Múnich y tiene una cita de negocios en Berlín. Robert quiere visitar la ciudad de Berlín. Claudia lo va a recoger a la estación.
En la Lección 1 usted aprende cómo saludar y despedirse, cómo se puede presentar a otra persona y también la diferencia entre *du* y *Sie*.

1 *Relacione cada expresión con un dibujo.*
Como preparación para el primer diálogo haga usted, por favor, el ejercicio 1 del libro de texto: Guten Tag *es el saludo normal durante todo el día. Entre amigos se dice* Hallo.

Guten Morgen!	*¡Buenos días!*
Guten Abend!	*¡Buenas tardes!/¡Buenas noches!*
(Gute Nacht!)	*(¡Buenas noches!)*
Auf Wiedersehen!	*¡Adiós!*
Tschüs!	*¡Adiós!*

2 Éstos son Jürgen Heinrich, Chris Bruckner, Robert y Claudia

1|1

1A

→ *Escuche usted cómo se saludan. Frau Bruckner y Herr Heinrich no se conocen todavía, pero Robert y Claudia claro que se conocen ya. Escuche la conversación por lo menos dos veces.*
→ *Lea el diálogo en el libro de texto.*
→ *Escuche usted el diálogo y lea el texto al mismo tiempo.*
→ *Subraye usted ahora las sílabas tónicas.*

Guten Tag. Sind Sie Herr Heinrich?
Ja, das bin ich.
Mein Name ist Bruckner, Chris Bruckner.
Guten Tag, Frau Bruckner. Herzlich willkommen.

→ *Lea a continuación el diálogo en voz alta teniendo en cuenta lo que usted ha subrayado.*
→ *Pase usted ahora al vocabulario. Intente aprenderse de memoria el significado de las palabras y de las oraciones.*

Guten Tag,	*Hola/Buenos días/Buenas tardes/Buenas noches,*
sind Sie Herr Heinrich?	*¿es usted el señor Heinrich?*
Ja, das bin ich.	*Sí, soy yo.*
ja	*sí*
ich bin	*yo soy*
Mein Name ist Bruckner.	*Mi nombre es Bruckner.*

Frau Bruckner	*señora Bruckner*
Guten Tag, Frau Bruckner.	*Hola/Buenos días/Buenas tardes/Buenas noches, señora Bruckner.*
Herzlich willkommen.	*Bienvenida.*

1|2

1B

→ *Escuche la parte 2 del diálogo.*
→ *Lea el diálogo en el libro de texto.*
→ *Escuche usted el diálogo y lea el texto al mismo tiempo.*
→ *Subraye usted ahora las sílabas tónicas.*

Hallo, Rob.
etc.

→ *Lea a continuación el diálogo en voz alta teniendo en cuenta lo que usted ha subrayado.*
→ *Pase usted ahora al vocabulario.*

Hallo, Rob/Claudia.	*Hola, Rob/Claudia.*
Wie geht's dir/Ihnen?	*¿Cómo estás/está usted?*
Danke, gut.	*Bien, gracias.*

1|3

3 *Escuche usted atentamente. ¿Cuál es el orden?*

4 *¿Qué oraciones se pueden relacionar entre sí?*
A cada oración le corresponde una respuesta. Una la pregunta con la respuesta.

5 *Complete.*
Complete los saludos en los que se emplean Sie *o* du.

!

¿Sie o *du*?
Cuando usted se dirige a otra persona emplea *Sie* o *du*.
Se usa *du* cuando se habla con familiares o amigos; también los estudiantes emplean el *du* cuando están entre ellos. En el trabajo a veces se tutean (*duzen*) los compañeros, sobre todo los jóvenes. Depende en gran parte del tipo de trabajo y del puesto que uno desempeñe. *Sie* es la forma educada que siempre se puede emplear cuando no se conoce bien a la otra persona.

6 *Complete.*
Complete con una forma de sein. *Son muy importantes, pero por desgracia son todas irregulares.*

1|4

7 *¿Qué se puede contestar? Escuche y marque la respuesta adecuada.*

8 *¿Qué se puede contestar? Escriba la respuesta adecuada.*

Ahora vamos a practicar un poco de gramática (gramática = Grammatik; *ejercicios =* Übungen*).*
Así puede ampliar también su vocabulario (palabras nuevas = Neue Wörter*).*

sein (ser): Sie sind – du bist (usted es – tú eres)

Singular	1. Persona	ich	**bin**	
	2. Persona	du	**bist**	aus München, Berlin,
	3. Persona	er/sie	**ist**	Köln, Stuttgart ...
Plural	1. Persona	wir	**sind**	
	2. Persona	ihr	**seid**	
	3. Persona	sie/Sie	**sind**	

	Sie/Sie	**du/ihr**
Singular	Sind Sie aus ...? (= Herr Heinrich)	Bist du aus ...? (= Robert)
Plural	Sind Sie aus ...? (= Herr und Frau Heinrich)	Seid ihr aus ...? (= Robert und Claudia)

9 *Relacione las formas verbales con las personas.*

Das bin | Das ist | Das sind | Das seid

10 *Rellene los espacios en blanco con una forma verbal.*

Ich ________________ aus Barcelona.
____________________ Sie aus Rom?
____________________ du aus Warschau?
Herr Heinrich _______ aus Berlin.
Wir _______________ aus Moskau.
____________________ ihr aus London?
____________________ Sie aus Rio?

11 *Wie geht's dir?*

Usted ve tres dibujos con personas que están conversando. ¿Cómo se saludan? Elija el saludo adecuado.

Grüß Gott.

[Grüß Gott.] [Danke, Frau Müller.] [Tag auch.] [Wie geht's?]

Hallo, Claudia, hallo, Evelyn, wie geht's?

[Grüß Gott, Nina.] [Gut, und dir?] [Aha.]

Grüezi.

[Grüezi, Nina.] [Servus.] [Gut, und dir?]

1|5 *Escuche los diálogos y compruebe si sus respuestas son correctas.*

12 *Repaso*

Recuerde estas expresiones. Lo mejor sería aprenderlas de memoria.

Saludar a alguien / presentarse

Formal

Guten Tag, Frau / Herr + Nachname	*Buenos días / Buenas tardes / Buenas noches, Frau / Herr + apellido*
Mein Name ist ... (Bruckner / Heinrich).	*Mi nombre es ... (Bruckner / Heinrich).*
Ich bin ... (Chris Bruckner / Jürgen Heinrich).	*Yo soy ... (Chris Bruckner / Jürgen Heinrich).*
Ich heiße ... (Bruckner / Heinrich).	*Me llamo ... (Bruckner / Heinrich).*
Sind Sie ... (Herr Heinrich / Frau Bruckner)?	*¿Es usted ... (Herr Heinrich / Frau Bruckner)?*
Wie geht es Ihnen?	*¿Cómo está usted?*
Danke, gut. (Und Ihnen?)	*Bien, gracias. (¿Y usted?)*

Un consejo: *Mein Name ist ...* es muy formal. Utilícelo sólo con el apellido: *Mein Name ist Bruckner.* La expresión más común y menos formal es *Ich heiße ...*, por ejemplo: *Ich heiße Chris* o *Ich heiße Bruckner.* La gente no suele decir: *Ich heiße Frau Bruckner.*

Informal

Hallo + Vorname	*Hola + nombre*
Ich bin ... / Ich heiße ...	*Yo soy ... / Me llamo ...*
Wie geht's? Wie geht's dir?	*¿Qué tal? / ¿Cómo estás?*
Danke, gut. (Und dir?)	*Bien, gracias. (¿Y tú?)*

Presentar a alguien

Das ist Herr Berger.	*Éste es el señor Berger.*
Guten Tag, Herr Berger. Ich bin Klaus Nagel.	*Buenos días / Buenas tardes / Buenas noches, señor Berger. Soy Klaus Nagel.*

13 *Escuche y repita lo que oiga.*
Usted ya conoce las palabras y las oraciones. Intente imitar lo mejor que pueda la entonación y la pronunciación de la persona que habla. 1|6

Bruckner	Frau Bruckner	Guten Tag, Frau Bruckner.
Heinrich	Herr Heinrich	Guten Tag, Herr Heinrich.
Mein Name	Mein Name ist …	Mein Name ist Bruckner.
Ich	Ich heiße …	Ich heiße Heinrich.
Willkommen	Herzlich willkommen	Herzlich willkommen, Frau Bruckner.
Wie	Wie geht's?	Wie geht's Ihnen?
Danke	gut	Danke, gut.

14 *El alfabeto*
Ahora vamos a practicar las letras del alfabeto. Escúchelas y vaya repitiéndolas. Intente imitar lo mejor que pueda la pronunciación de la persona que habla. 1|7

Aa	e**F**	**K**a	**O**o	e**S**	**W**e
Be	**G**e	e**L**	**P**e	**T**e	i**X**
Ce	**H**a	e**M**	**Q**u	**U**u	**Y**psilon
De	**I**i	e**N**	e**R**	**V**au	**Z**et
Ee	**J**ot				

15 *Sonidos especiales*
En Alemán existen algunos sonidos especiales: las metafonías vocálicas ä, ö, ü, y ß (= eszet). Repita las siguientes palabras e imite en lo posible a la persona que habla. 1|8

Ö ö	schön *(bonito)*
Ü ü	Glück *(suerte)*
Ä ä	Geschäft *(negocio)*
ß	ich heiße

Intente ahora deletrear su nombre. ¡Seguro que lo consigue!

Información cultural (Libro de texto, página 8) 1|9

Aquí tiene usted algunos saludos y despedidas que se emplean en el norte y en el sur de Alemania, en Austria y en Suiza. Por supuesto que existen otros usos regionales, pero los que le indicamos aquí se escuchan con mucha frecuencia.

Auf Wiedersehen.	*Adiós.*
Tschüs.	*Adiós.*
Adieu.	*Adiós.*
Ciao.	*Adiós.*

Escuche y compare.

Vocabulario

1. *Marque la traducción correcta.*

1. Guten Tag.
☐ Hola.
☐ Buenos días.
☐ Buenas tardes.

2. Guten Morgen.
☐ Hola.
☐ Buenas tardes.
☐ Buenos días.

3. Hallo.
☐ Hola.
☐ Buenos días.
☐ Buenas noches.

4. Wie geht's Ihnen?
☐ ¿De dónde eres?
☐ ¿Cómo está usted?
☐ ¿Quién es usted?

5. Danke, gut.
☐ Bien, gracias.
☐ Y también tú.
☐ Adiós.

6. Auf Wiedersehen.
☐ Bienvenida.
☐ Adiós.
☐ Hola.

2. *Complete.*

1. Gute ____________!
2. Auf ____________!
3. ____________ Tag!
4. ____________ Abend!
5. ____________ Morgen!
6. Tsch____________!

Gramática

3. *Rellene los espacios en blanco con una forma de* sein.

1. ich ____________
2. du ____________
3. er ____________
4. sie (= Claudia) ____________
5. Das ____________ Robert.
6. ____________ Sie Herr Bermann?
7. ____________ Sie Frau Bergmann?
8. ____________ Sie Herr und Frau Bergmann?

4. *Rellene los espacios en blanco.*

1. Ich ____________ Julia.
2. ____________ du Erik?
3. ____________ Sie Herr Schmidt?
4. Ich ____________ Wolfgang Schmidt.
5. Mein Name ____________ Berger.
6. Das ____________ Herr Berger.

Controle sus respuestas en la clave al final del libro y cuente después cuántos puntos ha conseguido.

Total:		
	1 – 13	Antes de continuar creemos que es necesario que vuelva a repetir esta lección.
	14 – 22	Bastante bien, pero todavía se puede hacer mejor. Por favor, vuelva a repasar los diálogos y la gramática.
	23 – 26	Muy bien. Pase a la lección siguiente.

Woher kommen Sie? – ¿De dónde es usted?

Antes de ir a la oficina Herr Heinrich lleva un momento a Frau Bruckner al hotel. Por su conversación durante el camino nos enteramos de algo más sobre ellos.
Para conocer a una persona hay que hacer preguntas y responder a ellas. Por eso en la Lección 2 vamos a aprender cómo se formulan preguntas. Esto es relativamente fácil en alemán.

1 *Para prepararnos para la conversación vamos a mirar el mapa (Libro de texto, página 8). Busque usted* Berlin, München, Wien *etc. y diga en voz alta* Da ist ... . *Tres de estas ciudades son mencionadas en el diálogo.*

2 Herr Heinrich y Frau Bruckner en el coche 1|10

→ *Escuche ahora la conversación entre Herr Heinrich y Frau Bruckner.*
→ *Escuche la conversación por lo menos dos veces.*
→ *Lea el diálogo en el libro de texto.*
→ *Escuche usted el diálogo y lea el texto al mismo tiempo.*
→ *Subraye usted ahora las sílabas tónicas.*

Sind Sie aus Berlin, Herr Heinrich?
etc.

→ *Lea a continuación el diálogo en voz alta teniendo en cuenta lo que usted ha subrayado.*
→ *Pase usted ahora al vocabulario. Intente aprenderse de memoria el significado de las palabras y de las oraciones.*

Sind Sie ...?	*¿Es usted ...?*
aus Berlin	*de Berlín*
Kommen Sie ...?	*¿Es usted de ...?*
Wohnen Sie ...?	*¿Vive usted ...?*
Leben Sie ...?	*¿Vive usted ...?*
Ja, klar.	*Sí, claro.*
Und Sie, woher kommen Sie?	*Y usted, ¿de dónde es usted?*
Aus Österreich,	*De Austria,*
ich bin aus Wien.	*soy de Viena.*
aber	*pero*
ich lebe	*vivo*
ich komme	*soy de*
ich kenne	*conozco*
in München	*en Múnich*
schon lange	*desde hace tiempo*
Sind Sie gern in ...?	*¿Le gusta estar en ...?*
sehr gern	*mucho*

ich wohne	*vivo*
schon fünf Jahre	*desde hace ya cinco años*
dort	*allí*
Kennen Sie …?	*¿Conoce usted …?*
Ja, aber nicht gut.	*Sí, pero no bien.*

3 *Marque el verbo adecuado.*

1|11 **4** *¿Cómo podemos completar estas oraciones?*
Escuche otra vez el texto y compruebe si sus respuestas son correctas.

5 *Pregunte a Chris Bruckner. Marque la respuesta correcta.*

6 *Responda usted. ¿Qué respuesta es la correcta?*

1|12 **7** *Nosotros preguntamos – usted responde*
Imagínese que alguien le pregunta de una forma muy personal cómo está usted. Escuche, seleccione su respuesta y dígala después en voz alta.

! Si usted dice *Na ja*, uno sabe enseguida que no le va demasiado bien.
Si comienza con *Ach*, está claro que usted va a decir a continuación que no se encuentra nada bien.

8 *Escriba la forma correcta de los verbos.*
La forma Sie *es siempre igual que el infinitivo.*

Escriba usted cuál es la pregunta / respuesta correcta.

lebt · Pierre · Paris · in	______________________?
in · Paris · ja · er · lebt	______________________.
aus · Paris · er · ist	______________________.
kennen · Paris · Sie	______________________?
nicht · ja · gut · aber	______________________.
kenne · London · ich · gut	______________________.

En el apartado de gramática le explicaremos algunas diferencias entre el alemán y el español cuando éstas sean relevantes.

Verbos en presente – Verben im Präsens

Singular	1. Person	ich	komm**e**	
	2. Person	du	komm**st**	aus München, Berlin, Köln,
	3. Person	er / sie	komm**t**	Stuttgart …
Plural	1. Person	wir	komm**en**	
	2. Person	ihr	komm**t**	
	3. Person	sie / Sie	komm**en**	

- Todas las personas (*ich, du, er,* etc.) tienen una terminación propia. A veces, sin embargo, las terminaciones coinciden (*wir kommen, sie kommen*). En alemán, a diferencia del español, siempre hay que decir el pronombre antes del verbo.
- Otros verbos con las mismas terminaciones que *kommen* son: *kennen, leben, wohnen, heißen* (Cuidado: *du heißt*).
- El infinitivo tiene la terminación -(e)n. Esta forma es la que se encuentra en los diccionarios. Es la forma de los encabezamientos de los ejercicios que usted ya conoce: *Hören Sie. Schreiben Sie, etc.*

9 *Subraye los infinitivos.*

bist | heiße | sein | kenne | seid | lebe | wohnen

lebt | kennst | komme | heißen | wohnt | kennen

10 *Complete la tabla.*

		kennen	**leben**	**wohnen**	**heißen**
Singular	ich	kenne	lebe	wohne	
	du		lebst		heißt
	er / sie	kennt	lebt		heißt
Plural	wir	kennen	leben		heißen
	ihr		lebt	wohnt	heißt
	sie / Sie	kennen		wohnen	

11 *Rellene los espacios en blanco con una forma de* heißen.

Ich heiße ____________ ____________ (= Su nombre).

Wie ________________ du?

Er __________________ Boris.

Wie ____________ Sie? Neumann?

Wir ________________ Knut und Boris.

Wie ________________ ihr?

Karla und Fritz ____________ Sauter.

Preguntas con y sin interrogativos – Fragen mit und ohne Fragewort

Existen preguntas con interrogativos y otras que no los llevan. *Woher* es un interrogativo.

Woher **kommen Sie**?	–	**Aus** Berlin / England / Italien.
Woher **kommst du**?	–	**Aus** München / Polen / Frankreich.
Kommen Sie aus Italien?	–	Ja, ich komme **aus** Italien.
Kommst du aus Polen?	–	Nein, ich komme **aus** Frankreich.

Formular preguntas es muy fácil en alemán. Invierta usted simplemente el orden del sujeto (la persona que realiza la acción) y del verbo. Así de Sie kommen la pregunta sería *Kommen Sie?*

12 *Preguntar y responder. Escriba la forma correcta del verbo entre paréntesis.*

Woher _____ (kommen) Andrea?

Aus Berlin. Sie _____ (kommen) aus Berlin.

_____ (leben) Pierre in München?

Nein, in Paris. Pierre _____ (leben) in Paris.

Woher _____ (kommen) Graziella und Paolo? Aus Verona?

Ja, sie _____ (kommen) aus Verona.

_____ (wohnen) Juan auch in Verona?

Nein, Juan _____ (wohnen) in Madrid.

_____ (kennen) Sie Warschau?

Ja, ich _____ (kennen) Warschau gut.

_____ (wohnen) Elsbeta in Warschau?

Ja, sie _____ (wohnen) in Warschau.

13 *Repaso*

Recuerde estas expresiones. Lo mejor sería aprenderlas de memoria.

Preguntar por la procedencia

Woher sind / kommen Sie? Woher bist / kommst du?	*¿De dónde es usted? ¿De dónde eres?*
Ich bin / komme aus … (Berlin / München / Österreich).	*Soy de … (Berlín / Múnich / Austria).*
Aus … (Berlin / München / Österreich).	*De … (Berlín / Múnich / Austria).*
Sind Sie aus … (München / Österreich)?	*¿Es usted de … (Múnich / Austria)?*
Bist du aus … (München / Österreich)?	*¿Eres de … (Múnich / Austria)?*
Ja, ich bin aus …	*Sí, soy de …*
Nein, ich bin aus …	*No, soy de …*
Leben / Wohnen Sie in … (Berlin / München)?	*¿Vive usted en … (Berlín / Múnich)?*
Ja, ich lebe / wohne in …	*Sí, vivo en …*
Nein, ich lebe / wohne in …	*No, vivo en …*
Ich bin schon fünf Jahre in …	*Ya llevo cinco años en …*
Kennen Sie … (Berlin / München)?	*¿Conoce usted … (Berlín / Múnich)?*
Ja, aber nicht gut.	*Sí, pero no bien.*

14 *Escuche y repita lo que oiga.*
Usted ya conoce las palabras y oraciones. Intente imitar lo mejor que pueda la entonación y la pronunciación de la persona que habla.

1|13

Aus Berlin.	Sind Sie aus Berlin?
Aus Wien.	Ich bin aus Wien.
In München.	Aber ich lebe in München.
schon fünf Jahre	Ich wohne schon fünf Jahre dort.
kennen	Kennen Sie Berlin?
nicht gut	Ja, aber nicht gut.

15 *Escuche y repita lo que oiga. Son nombres de ciudades y de países.*

1|14

Zürich	Leipzig	Salzburg
Frankfurt	Hamburg	Augsburg
Berlin	Wien	Paris
Köln	Bern	Graz
Deutschland	Österreich	die Schweiz

16 a. *Escuche con atención.*
Tres jóvenes – Nina, Achim y Christian – se saludan.

1|15

Nina: Hallo, ich bin Nina, und du?
Achim: Ich heiße Achim. Hallo!
Nina: Kommst du auch aus Berlin?
Achim: Nein, aus München, ich bin schon lange in München.
Christian: Ich bin Christian.
Achim: Tag, Christian.
Christian: Tag.
Achim: Woher bist du?
Christian: Aus Hamburg.
Achim: Aha.

16 b. *Escuche otra vez el diálogo y repita cada una de las frases. Intente imitar en lo posible la entonación de la persona que habla.*

1|16

Información cultural: concurso de ciudades (Libro de texto, página 12)

Aquí aparecen otras ciudades importantes además de las capitales Berlín y Viena. En el mapa puede ver usted dónde están situadas.
Auerbachs Keller: Uno de los diez restaurantes más famosos del mundo. Se hizo famoso a traves del Faust de Goethe.

¿Cómo se llama la ciudad?
Apunte los nombres de las ciudades.

Vocabulario

1. *Marque la traducción correcta.*

1.
Wie geht's?
☐ ¿Qué tal?
☐ ¿De dónde eres?
☐ ¿Cómo está usted?

2. (Kommen Sie aus Berlin?)
– Ja, klar.
☐ Sí, soy de Berlín.
☐ Sí, claro.
☐ ¿De verdad?

3. (Sind Sie Herr / Frau …?)
– Ja, das bin ich.
☐ Soy …
☐ Sí, soy yo.
☐ Sí, por favor.

2. *Escriba la traducción correcta.*

1. venir ______________
2. vivir ______________
3. llamarse ______________
4. ser ______________
5. conocer ______________

kennen | kommen | leben / wohnen | heißen | sein

Gramática

3. *Subraye la forma correcta.*

1. Kommst du auch [in] [aus] [im] Berlin?
2. [Kommst] [Kommen] [Kommt] Sie aus England?
3. Ich [wohne] [leben] [komme] schon lange in München.
4. Und woher kommen [Sie] [er] [ich]?
5. [Kennst] [Kennen] [Kenne] Sie Hamburg?
6. [Kommt] [Kommen] [Kommt] Sie auch aus Norddeutschland?

4. *¿Cómo es la pregunta?*

1. [Sie] [kommen] [woher] ______________?
2. [Sie] [aus Hamburg] [sind] ______________?
3. [in München] [wohnen] [Sie] ______________?
4. [Berlin] [Sie] [kennen] ______________?
5. [Sie] [sind] [Herr Müller] ______________?
6. [geht es] [wie] [Ihnen] ______________?

Controle sus respuestas en la clave al final del libro y cuente después cuántos puntos ha conseguido.

Total:	1 - 10	No estaría mal si volviera a repetir esta lección.
	11 - 17	Bastante bien, pero no estaría de más si volviera a mirar los diálogos y la gramática.
	18 - 20	¡Estupendo! Si le apetece, puede repetir otra vez el vocabulario, si no, pase simplemente a la lección siguiente.

Im Hotel – En el Hotel

Frau Bruckner va a inscribirse en el hotel. Para ello tiene que rellenar un formulario y dar sus datos personales.
En esta lección va a aprender mucho sobre los sustantivos. Una característica especial del alemán es que todos los nombres se escriben con mayúsculas. También se escribe con mayúsculas la primera palabra de una oración y, claro está, los nombres propios: *Mein Name ist Müller.*

1 *Relacione las categorías de la lista con los ejemplos de la derecha.*
Como preparación para esta lección haga, por favor, el ejercicio 1. Aquí va a encontrar una recopilación de palabras muy importantes a la hora de dar sus datos personales. Relaciónelas con los ejemplos de la derecha.
Si quiere que le resulte un poco más fácil, puede usted empezar con el siguiente ejercicio de traducción. Por favor, una cada palabra alemana con su traducción al español.

der Name	el país
der Vorname	el código postal
der Geburtsort	la dirección
die Adresse	el apellido
der Ort	el lugar
die Postleitzahl	la calle
die Straße	la firma
das Land	el nombre
die Unterschrift	el lugar de nacimiento

¿Le llama algo la atención? Sí, naturalmente. En alemán vamos a encontrar no sólo palabras femeninas y masculinas, sino también neutras como, por ejemplo, *das Land.*

2 La llegada al hotel 1|17
Ésta es la tarjeta de visita de Frau Bruckner. Escuche primero las palabras y rellene después el formulario.

3 *¿Cuál es su nombre? Rellene su formulario de inscripción. Ahora es usted un huésped del hotel.*

4 *Pregunta y respuesta*
Quizás la señora de la recepción le pregunte sus datos personales. ¿Qué datos del formulario son las respuestas a las preguntas de la lista?

5 *¿Cómo los uniría usted? Escriba cada nombre con el artículo que le corresponda. Todos los nombres tienen un género. En alemán existen tres géneros y, consecuentemente, tres artículos distintos:* der, die, das.

! Aprenda siempre el nombre con su artículo correspondiente: *der Name*, no sólo *Name*. Esto le ayudará a evitar muchos errores.

6 *¿Cuál es la palabra? Todo esto requiere mucha memoria. Por eso vamos a relajarnos ahora con un pequeño crucigrama.*

7 *Un formulario – Rellénelo usted, por favor.*

Familienname *apellido*	Vorname / Vornamen *nombre / nombres*		
Geburtsname *nombre de soltera*	Geburtsland *país de origen*		
Geburtsdatum *fecha de nacimiento*	Tag *día*	Monat *mes*	Jahr *año*

Familienstand *estado*
☐ ledig *soltero* ☐ verheiratet *casado* ☐ geschieden *divorciado*

Geschlecht *sexo* ☐ männlich *varón* ☐ weiblich *hembra*

Nationalität *nacionalidad*		
Platz *plaza*	Nummer *número*	Stadt *ciudad*
Pass-Nummer *número del pasaporte*	Ausweis-Nummer *número del documento de identidad*	
Datum *fecha*		

8 *¿Qué palabras están relacionadas entre sí?*
Una con líneas las palabras que tengan relación entre sí.

9 *Escriba su nombre, de dónde es y dónde vive.*
Intente decir la oración en voz alta. Seguro que alguna vez le hacen estas preguntas.

10 Aus *e* in
Aus *e* in *aparecen en combinación con determinados verbos. Rellene los espacios en blanco con la preposición adecuada.*

También con los nombres de países hay que tener en cuenta algunos puntos para no cometer errores.

Ländernamen – Nombres de países

sin artículo	con artículo		
	der	**die**	**Plural**
China	der Libanon	die Schweiz	die Niederlande
Japan	der Sudan	die Türkei	die USA
Österreich	(der) Irak		
Polen	(der) Iran		
Spanien	(der) Jemen		
Deutschland usw.			

La mayoría de los países van sin artículo. Lo más fácil es memorizar las excepciones.

11 *Complete.*
Muchos nombres de países terminan en -ien. *¿Es su país uno de ellos? Escriba usted al lado los nombres en español.*

Arg _ _ _ _ _ ien	______________	Ind _ _ esien	______________
Austr _ _ ien	______________	Ita _ ien	______________
Bel _ _ en	______________	Kro _ _ _ en	______________
Bra _ _ _ ien	______________	Molda _ ien	______________
Bul _ _ rien	______________	Rum _ nien	______________
Groß _ _ _ _ _ _ _ nien	______________	Sl _ _ enien	______________
I _ dien	______________		

Woher kommen Sie / kommst du? – **Aus** Österreich / Deutschland / Spanien / Russland / Japan / Australien.
Aber: **Aus der** Schweiz/**Aus den** USA.
Aus (**dem**) Irak / **Aus** (**dem**) Iran / **Aus dem** Sudan.

Wo wohnen Sie / wohnst du? – **In** Österreich/Deutschland/Spanien/ Russland / Japan / Australien.
Aber: **In der** Schweiz / **In den** USA.
Im/In Irak / **Im/In** Iran / **Im** Sudan.

12 *Complete el nombre del país.*
Por el nombre sabe usted la procedencia de estas personas.

Woher kommt ...

... Tatjana?	Aus R _ _ _ land.	... Paul?	Aus _ _ _ _ _ _ _ _ _ _ _ _ _ _ .
... Michel?	Aus F _ _ _ _ _ reich.	... Urs?	Aus der _ _ _ _ _ _ _ _ _ _ .
... Susan?	Aus den _ _ _ .	... Eri Enaba?	Aus J _ _ _ _ _ .

1|18

Los números – Zahlen

0 null	**3** drei	**6** sechs	**9** neun
1 eins	**4** vier	**7** sieben	**10** zehn
2 zwei	**5** fünf	**8** acht	

13 *Comience usted con el 0 y trace siempre una línea hasta el número siguiente hasta llegar al 10. Después escriba con letras los números por orden.*

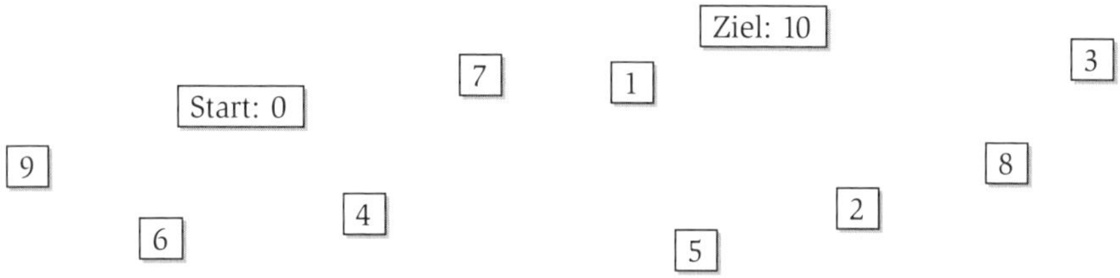

null ___ ___ ___ ___ ___

___ ___ ___ ___ ___

1|19

14 *Anote los códigos postales. Escúchelos después y compárelos con sus respuestas.*

sieben null eins neun null	_ _ _ _ _	Stuttgart
acht null acht null fünf	_ _ _ _ _	München
sieben sechs eins drei sieben	_ _ _ _ _	Karlsruhe
sechs null drei eins drei	_ _ _ _ _	Frankfurt am Main
sechs neun eins eins acht	_ _ _ _ _	Heidelberg
zwei null eins vier drei	_ _ _ _ _	Hamburg

1|20

15 *Repaso*
Aquí tiene usted algunas preguntas y respuestas importantes.

Entschuldigung, ich habe eine Frage.	*Disculpe, tengo una pregunta.*
Was bedeutet das?	*¿Qué significa esto?*
Was bedeutet das Wort?	*¿Qué significa esta palabra?*
Was bedeutet der Satz?	*¿Qué significa esta oración?*
Wie heißt das auf Deutsch?	*¿Cómo se dice esto en alemán?*
Bitte buchstabieren Sie.	*Por favor, deletree(lo).*
Bitte langsam.	*Por favor, despacio.*
Bitte sprechen Sie langsam.	*Por favor, hable usted despacio.*
Bitte sprechen Sie nicht so schnell.	*Por favor, no hable tan rápido.*
Bitte wiederholen Sie.	*Por favor, repítalo.*

En alemán, al igual que en español, todas estas preguntas son normales y no suenan demasiado abruptas.

16 *Escuche usted y repita lo que oiga.*
Usted ya conoce las palabras y las oraciones. Intente imitar lo mejor que pueda la entonación y pronunciación de la persona que habla. 1|21

Woher	Woher kommst du?
Wo	Wo bist du geboren?
Wo	Wo wohnst du?
Wie	Wie heißt du?
Wie	Wie geht's dir?
Was	Was ist das?

17 *Escuche usted y repita lo que oiga.*
Los números del 1 al 10 los puede encontrar en la página 20. 1|22

18 *Para lumbreras.*
Si es usted bueno deduciendo, no tendrá ningún problema con este ejercicio. Lea los cuatro números de cada línea y escriba a continuación el número que corresponda.

eins	zwei	drei	vier	________
zehn	acht	sechs	vier	________
acht	sieben	sechs	fünf	________
eins	drei	fünf	sieben	________

19 *Códigos postales. Repita las preguntas.* 1|23

Wo ist 20103?	Das ist in Hamburg.
Wo ist 69317?	Das ist in Frankfurt.
Wo ist 69118?	Das ist in Heidelberg.
Wo ist 10117?	Das ist in Berlin.
Wo ist 80637?	Das ist in München.

Información cultural (Libro de texto, página 16) 1|24

Muchas veces los que parecen extranjeros no lo son. Con frecuencia han nacido en Alemania y a veces tienen un pasaporte alemán.

¿Qué dice el periodista?¿Qué dice el hombre?
Escriba usted el diálogo.

Escúchelo ahora y compárelo con el suyo.

Vocabulario

1. *Marque la traducción correcta.*

1. Wie ist Ihr Name?
- ☐ ¿Cómo está usted?
- ☐ ¿Cuál es su nombre?
- ☐ Dime tu nombre.

2. Wo sind Sie geboren?
- ☐ ¿Cuándo nació usted?
- ☐ ¿Dónde nació usted?
- ☐ ¿Cuál es su lugar y su fecha de nacimiento?

3. Bitte buchstabieren Sie.
- ☐ Por favor, repítalo.
- ☐ Por favor, deletréelo.
- ☐ Por favor, no hable tan rápido.

4. Ich bin geschieden.
- ☐ Estoy casado.
- ☐ Estoy divorciado.
- ☐ Soy soltero.

5. Woher …?
- ☐ ¿De dónde…?
- ☐ ¿Quién…?
- ☐ ¿Adónde…?

6. Die Pass-Nummer bitte.
- ☐ Su número de pasaporte, por favor.
- ☐ La fecha de vencimiento de su pasaporte, por favor.
- ☐ La contraseña, por favor.

2. *Ponga el artículo.*

1. _____ Land
2. _____ Stadt
3. _____ Adresse
4. _____ Ort
5. _____ Pass
6. _____ Visum

Gramática

3. *Complete las siguientes preguntas.*

1. Sind Sie ______________________?
2. Wo __________ __________?
3. Wie ist __________ __________?
4. Woher __________ __________?
5. Ist das __________ __________?
6. Kommen Sie __________ __________?

wohnen Sie
kommen Sie
aus Österreich
Ihre Adresse
verheiratet
die Pass-Nummer

Comprensión auditiva

1|25

4. *Comprensión auditiva. Escuche un pequeño diálogo y marque la respuesta adecuada.*

1. Der Mann heißt
- ☐ Müller.
- ☐ Janssen.

2. Die Frau heißt
- ☐ Janssen.
- ☐ Müller.

3. Die Frau kommt aus
- ☐ Berlin.
- ☐ Hamburg.

Controle sus respuestas en la clave al final del libro y cuente después cuántos puntos ha conseguido.

Total:		
	1 - 11	¡Ay!, esto no está todavía bien del todo. Vuelva a repetir esta lección rápidamente.
	12 - 18	Bastante bien, pero no estaría mal si volviera a repasar la gramática y el vocabulario.
	19 - 21	¡Excelente! Ya puede comenzar con la lección 4.

Smalltalk – Conversaciones de todos los días

Ahora estamos en la oficina de Herr Kühne. Chris Bruckner está citada con él. Usted va a oír una pequeña conversación sobre el viaje y el tiempo, y a aprender a preguntar a otra persona cómo está y a responder a esta pregunta.

1 *Como preparación para el diálogo haga usted, por favor, el ejercicio 1 del libro de texto. ¿No conoce algunas palabras? Aquí tiene las traducciones.*

Wie geht's?	*¿Qué tal?*
Wie ist das Wetter?	*¿Cómo está el tiempo?*
Wie ist das Hotel?	*¿Cómo es el hotel?*
Wie war die Reise?	*¿Cómo ha sido el viaje?*
Gut, danke./Es geht.	*Bien, gracias./No demasiado mal.*
Nicht sehr gut. Leider.	*Por desgracia no demasiado bien.*
Das ist prima.	*Eso es estupendo.*

2 Frau Bruckner y Herr Kühne en la oficina

1|26

4A

→ *Escucue ahora cómo Herr Kühne saluda a Frau Bruckner. Los dos conversan sobre el viaje y el tiempo. Escuche el diálogo por lo menos dos veces.*
→ *Lea el diálogo en el libro de texto.*
→ *Escuche usted el diálogo y lea el texto al mismo tiempo.*
→ *Subraye usted ahora las sílabas tónicas.*

Guten Tag, Frau Bruckner. Wie geht's?
Wie war die Reise?
Guten Tag, Herr Kühne. Danke, gut.
Und wie ist das Hotel?

Auch gut. Und nicht weit.
Sie sind ja direkt im Zentrum.
Ja, das ist sehr praktisch.

→ *Lea a continuación el diálogo en voz alta teniendo en cuenta lo que usted ha subrayado.*
→ *Pase usted ahora al vocabulario. Intente aprenderse de memoria el significado de las palabras y de las oraciones.*

Reise (die)	*viaje (el)*
weit	*lejos*
Sie sind ja direkt im Zentrum.	*Usted está exactamente en el centro.*
Zentrum (das)	*centro (el)*
praktisch	*práctico*

La pregunta *Wie war die Reise?* se emplea con mucha frecuencia y es una buena forma para comenzar una conversación.

1|27

4B

→ *Escuche la parte 4B.*
→ *Lea el diálogo en el libro de texto.*
→ *Escuche usted el diálogo y lea el texto al mismo tiempo.*
→ *Subraye usted ahora las sílabas tónicas.*
→ *Lea a continuación el diálogo en voz alta teniendo en cuenta lo que usted ha subrayado.*
→ *Pase usted ahora al vocabulario.*

Das Wetter ist auch prima.	*El tiempo también es estupendo.*
Wetter (das)	*tiempo (el)*
prima – schön – warm	*estupendo – bonito – cálido*
Wie ist es denn in München?	*¿Cómo es en Múnich?*
Leider schlecht.	*Por desgracia malo.*
schlecht	*malo*
Es regnet schon zwei Tage.	*Está lloviendo desde hace ya dos días.*
regnen – es regnet	*llover - llueve*
Da haben Sie hier Glück.	*Usted tiene suerte aquí.*
Glück (das)	*suerte (la)*
Dann machen wir eine Stadtrundfahrt.	*Entonces hacemos una visita a la ciudad.*
machen – er / sie macht	*hacer - hace*
Stadtrundfahrt (die)	*visita a la ciudad (la)*
Vielleicht morgen?	*¿Quizás mañana?*
Ja, gerne.	*Sí, con mucho gusto.*

1|28 **3** *Escuche el diálogo. Marque la persona que habla.*

4 *¿Qué es correcto? ¿Qué es incorrecto? Márquelo.*

5 *Lea el diálogo.*

6 *¿Qué está bien?*

1|29 **7** *Una entrevista – Lea usted primero las respuestas. Escuche a continuación la entrevista y conteste adecuadamente. Como preparación haga usted, por favor, el siguiente ejercicio, así no tendrá usted ningún problema con el ejercicio 7 del libro de texto.*

Positivo → **Negativo**

sehr gut	gut	nicht so gut	nicht (sehr) gut	schlecht	sehr schlecht
sehr schön	______	______	______	schlecht	______

1|30 **8** *Escuche usted. Escriba los adjetivos.*

Ahora vamos a practicar un poco la gramática. Nos concentraremos en los nombres y en los artículos que los acompañan.

Artículo y nombre – Artikel + Nomen

Al igual que en español, a cada nombre le correspode un artículo.

Persona	Artículo + nombre		Pronombre personal
Jürgen Heinrich	**der** Name	→	er
Chris Bruckner	**die** Adresse	→	sie
	das Land	→	es

En alemán se escriben todos los nombre con mayúsculas. Así se reconocen rápidamente. A diferencia del español, en alemán existe el artículo neutro además del femenino y del masculino. No existe ninguna regla infalible para saber qué articulo va con cada sustantivo.

9 *Apunte todos los nombres que aparecen en el diálogo 4A.*

_______ _______ _______ _______

_______ _______ _______ _______

_______ _______ _______

10 *Complete los espacios en blanco con un artículo.*

_____ Reise	_____ Land	_____ Stadt	_____ Stadtrundfahrt
_____ Zentrum	_____ Name	_____ Hotel	_____ Glück
_____ Adresse	_____ Tag	_____ Wetter	

11 *Escriba el pronombre personal que corresponda. El artículo le ayudará.*

Por ejemplo: das Wetter → es

das Geschäft – _____	der Euro – _____	das Auto – _____
der Tag – _____	die Reise – _____	die Zeit – _____
die Stadt – _____	das Haus – _____	die Adresse – _____

Preguntas con sí / no – La negación con *nicht* **Ja / Nein-Fragen – Die Verneinung mit *nicht***

Ist das Frau Bruckner?	–	**Ja**, das ist Frau Bruckner.
Ist das Herr Heinrich?	–	**Nein**, das ist **nicht** Herr Heinrich.
Wie ist das Wetter in München?	–	Es ist sehr **schön**.
Wie ist das Wetter in Berlin?	–	Es ist **nicht schön**.
Kennen Sie Berlin gut?	–	**Ja**, ich kenne Berlin **gut**.
Kennen Sie München gut?	–	**Nein**, ich kenne München **nicht gut**.
Regnet es?	–	**Ja**, es regnet.
	–	**Nein**, es regnet **nicht**.

- *nicht* aparece delante de la parte de la oración que es negada: *nicht gut, nicht schön, nicht Herr Heinrich.*
- Si se niega toda una oración, nicht se coloca al final: *Nein, es regnet nicht.*

12 *¿Qué adjetivos conoce usted ya? Escriba los que recuerde.*

____

____

13 *Diga simplemente* NEIN.

Das Hotel ist prima.	–	Nein, das Hotel ist nicht prima.
Das Wetter ist schön.	–	Nein, ________________
Es regnet.	–	Nein, ________________
Das Zentrum ist weit.	–	________________
Das Hotel ist praktisch.	–	________________
Die Reise ist prima.	–	________________

14 *Repaso.*
Recuerde estas expresiones. Lo mejor sería aprenderlas de memoria.

Saludar a alguien / Preguntar cómo está

Guten Tag, Frau/Herr + Nachname	*Hola/Buenos días/Buenas tardes/Buenas noches, Frau/Herr + apellido*
Guten Morgen, Frau/Herr + Nachname	*Buenos días Frau/Herr + apellido*
Guten Abend, Frau/Herr + Nachname	*Buenas tardes/Buenas noches, Frau/Herr + apellido*
Wie geht's?	*¿Qué tal?*
Wie geht es Ihnen?	*¿Cómo está usted?*
Danke, sehr gut/gut/nicht schlecht/es geht.	*Muy bien/Bien/No estoy mal/ No demasiado mal, gracias.*
Danke, nicht so gut.	*No demasiado bien, gracias.*

Conversación: viaje y tiempo

Wie war die Reise?	*¿Cómo ha sido el viaje?*
– Danke, gut.	*– Bien, gracias.*
Wie ist das Wetter? – Es regnet./Es ist nicht so schön./ Es ist schön/warm/kalt.	*¿Cómo está el tiempo? ¿Qué tiempo hace? – Llueve./No está muy bonito./ Está bonito./Hace calor./Hace frío.*
Das Wetter ist prima/gut/sehr gut/ schön/schlecht.	*El tiempo está estupendo/bueno/ muy bueno/bonito/malo.*
Die Sonne scheint.	*Hace sol.*
Es schneit.	*Nieva.*
Es ist windig.	*Hace viento.*

15 *Escuche y repita lo que oiga.* 1|31

Tag	Guten Tag.	schön	Es ist schön.
Wie	Wie geht's?	schlecht	Es ist schlecht.
Wetter	Wie ist das Wetter?	windig	Es ist windig.
Sonne	Die Sonne scheint.	schneien	Es schneit.

16 *Añada usted* sehr. *Primero escuche, después repita.* 1|32

schön	sehr schön	weit	sehr weit
gut	sehr gut	warm	sehr warm
schlecht	sehr schlecht	kalt	sehr kalt

17 *Complete primero los espacios en blanco con un artículo y luego repítalos en voz alta cuando los oiga.* 1|33

_________ Name

_________ Land

_________ Familienstand

_________ Adresse

_________ Geburtsland

_________ Nationalität

18 *Escuche los nombres de los países.* 1|34

Brasilien	Frankreich	Österreich
China	Italien	Russland
Deutschland	Korea	Türkei
England	Neuseeland	

19 *Escuche y lea al mismo tiempo.* 1|35
Mire el ejercicio 5 (Libro de texto, página 18).

Información cultural (Libro de texto, página 20)

Antes de hacer el control, abra el libro de texto. ¿Reconoce usted los países a primera vista?

Complete los nombres de los países y busque todos aquellos que terminen en -land. *¿Cuántos son?*
¿Reconoce los países? Ponga a cada país el número que le corresponda.

Vocabulario

1. Marque la traducción correcta.

1. Wie geht's?
- ☐ ¿De dónde eres?
- ☐ ¿Qué tal?
- ☐ ¿Qué tiempo hace?

2. Sehr gut.
- ☐ Muy mal.
- ☐ Muy bien.
- ☐ No muy bien.

3. Leider schlecht.
- ☐ Estupendamente.
- ☐ Tiene suerte.
- ☐ Por desgracia mal.

2. ¿Qué tiempo hace? Relacione cada expresión con un dibujo.

◯ Es ist sehr warm.
◯ Es ist windig.
◯ Es ist kalt.
◯ Die Sonne scheint.
◯ Es regnet.
◯ Es schneit.

Gramática

3. Rellene los espacios en blanco con un artículo.

1. ________ Name
2. ________ Stadt
3. ________ Land
4. ________ Adresse
5. ________ Hotel
6. ________ Zentrum

4. ¿Qué es positivo? Márquelo con una cruz.

1. ☐ Das Wetter ist schön.
2. ☐ Ich kenne die Stadt nicht gut.
3. ☐ Das Hotel ist nicht weit.
4. ☐ Das ist sehr praktisch.
5. ☐ Sie haben Glück.
6. ☐ Es regnet schon zwei Tage.
7. ☐ Das Wetter ist nicht schön.
8. ☐ Aber die Reise ist prima.

5. Niegue las siguientes oraciones.

1. Das ist weit. Nein, ________________________________.
2. Das ist schön. ________________________________.
3. Es ist kalt. ________________________________.
4. Es ist windig. ________________________________.
5. Es regnet. ________________________________.
6. Es schneit. ________________________________.

Controle sus respuestas en la clave al final del libro y cuente después cuántos puntos ha conseguido.

Total:		
	1 - 15	Antes de continuar creemos que es necesario que vuelva a repetir esta lección.
	16 - 25	Bastante bien, pero todavía se puede hacer mejor. Por favor, vuelva a repasar los diálogos y la gramática.
	26 - 29	Muy bien. Pase a la lección siguiente.

Wie lange fahren wir denn? – ¿Cuánto tiempo dura el trayecto?

Claudia y Robert toman el tren suburbano para ir a casa de Claudia. Claudia y su novio Niki Bat viven en un apartamento en el norte de Berlín.
En esta lección encontrará muchos interrogativos. Además aprenderá a dar las gracias y algunas expresiones coloquiales que podrá utilizar con frecuencia.

1 *¿Quién lo dice?*
Como preparación haga usted, por favor, el ejercicio 1. Son respuestas que se escuchan todos los días. Tenga en cuenta los gestos y el movimiento de la cabeza.

Aha, ich verstehe.	*Ah, entiendo.*
Na ja, das ist nicht schlimm.	*Bueno, no importa.*

2 Claudia y Robert toman el tren suburbano

1|36

5A

→ *Escuche el diálogo 5A por lo menos dos veces.*
→ *Lea el diálogo en el libro de texto.*
→ *Escuche usted el diálogo y lea el texto al mismo tiempo.*
→ *Subraye usted ahora las sílabas tónicas.*
→ *Lea a continuación el diálogo en voz alta teniendo en cuenta lo que usted ha subrayado.*
→ *Pase usted ahora al vocabulario. Intente aprenderse de memoria el significado de las palabras y de las oraciones.*

Was kostet …?	*¿Cuánto cuesta …?*
kosten – er / sie kostet	*costar – cuesta*
Fahrkarte (die), die Fahrkarten	*billete (el), los billetes*
zwei Euro	*dos euros*
Euro (der), die Euro(s)	*euro (el), los euros*
Das habe ich.	*Lo tengo.*
Wo ist der Automat?	*¿Dónde está la máquina de los billetes?*
Automat (der), die Automaten	*máquina (la), las máquinas*
Ich mache das.	*Yo lo hago.*
nett	*agradable*
Vielen Dank.	*Muchas gracias.*
Wie lange fahren wir denn?	*¿Cuánto tiempo dura el trayecto?*
fahren – er / sie fährt	*ir – va*
Stunde (die), die Stunden	*hora (la) – las horas*
Wie bitte?	*¿Cómo?*
Minute (die), die Minuten	*minuto (el), los minutos*
Großstadt (die) (groß + die Stadt)	*ciudad grande*
Kleinstadt (die) (klein + die Stadt)	*ciudad pequeña*

! Los nombres compuestos están a veces formados por un adjetivo y un nombre:
groß + die Stadt = die Großstadt.

1|37

5B

→ *Escuche el diálogo 5B.*
→ *Lea el diálogo en el libro de texto.*
→ *Escuche usted el diálogo y lea el texto al mismo tiempo.*
→ *Subraye usted ahora las sílabas tónicas.*
→ *Lea a continuación el diálogo en voz alta teniendo en cuenta lo que usted ha subrayado.*
→ *Pase usted ahora al vocabulario.*

Morgen haben wir das Auto.	*Mañana tenemos el coche.*
Auto (das), die Autos	*coche (el), los coches*
mit der S-Bahn	*en el tren suburbano*
S-Bahn (die), die S-Bahnen	*tren suburbano (el), los trenes suburbanos*
Wann kommt Niki denn nach Hause?	*¿Cuándo llega Niki a casa?*
Wann?	*¿Cuándo?*
nach Hause	*a casa*
Heute kommt er spät.	*Hoy llega tarde.*
heute / spät	*hoy / tarde*
Er arbeitet wieder furchtbar viel.	*Él trabaja otra vez muchísimo.*
arbeiten – er / sie arbeitet	*trabajar – trabaja*
wieder	*otra vez*
furchtbar viel / wenig	*muchísimo / poquísimo*
Hast du ein Glück!	*¡Qué suerte tienes!*

1|38 **3** *Lea el texto y complételo con los interrogativos adecuados. ¿Se acuerda de cuáles eran? Vuelva a escuchar el diálogo y compruebe si sus respuestas son correctas.*

4 *¡Esto está mal!*
Corríjalo, por favor.

1|39 **5** Wie bitte? *Lea y complete.*
Estas dos personas tienen problemas a la hora de comunicarse. La frase completa es más clara, pero no tan elegante.
Escuche ahora el diálogo y compárelo con sus respuestas.

6 *Algunas preguntas – Conteste brevemente.*
Cuando usted responde lo puede hacer con una frase larga o con una corta. Lea primero la pregunta y la respuesta larga, y complete después la respuesta corta. La respuesta corta se utiliza en el lenguaje coloquial.

7 *Escriba el singular.*

Verbos nuevos – Neue Verben

		haben	**arbeiten**	**fahren**
Singular	ich	habe	arbeite	fahre
	du	**hast**	arbei**te**st	f**ä**hrst
	er/sie/es	**hat**	arbei**te**t	f**ä**hrt
Plural	wir	haben	arbeiten	fahren
	ihr	habt	arbeitet	fahrt
	sie/Sie	haben	arbeiten	fahren

Los verbos tienen distintas terminaciones para cada persona. Algunos sufren cambios en la raíz en la segunda y tercera personas del singular:

- *hast* y *hat* son irregulares
- *a* se convierte en *ä (fahren – du fährst, er/sie/es fährt)*
- Después de *-t* o de *-d* se introduce una *-e-*. Esto facilita la pronunciación: *du arbeitest, er arbeitet/du findest, er findet.*

8 *En la siguiente tabla se han borrado las formas irregulares. ¿Puede escribirlas usted?*

		haben	**arbeiten**	**fahren**
Singular	ich	habe	arbeite	fahre
	du			
	er / sie / es			
Plural	wir	haben	arbeiten	fahren
	ihr	habt		fahrt
	sie/Sie	haben	arbeiten	fahren

9 *Escriba el artículo adecuado.*

______ Minute ______ Großstadt ______ Kleinstadt ______ S-Bahn

______ Fahrkarte ______ Euro ______ Stunde ______ Auto

Nombres en plural – Nomen im Plural

Singular	**Plural**
der Tag	die Tag**e**
das Jahr	die Jahr**e**
die Stadt	die St**ä**dt**e**
das Land	die L**ä**nd**er**
das Wort	die W**ö**rt**er**
der Name	die Name**n**
die Fahrkarte	die Fahrkarte**n**
die Minute	die Minute**n**

¡Cuidado!: *die* = femenino singular (**die** Minute) y plural (der Tag, **die** Tage/ die Minute, **die** Minuten/das Jahr, **die** Jahre)

10 *¿Qué son estas cosas? Escríbalas usted.*

1 Das sind zwei ________________
2 fünf ________________
3 drei ________________
4 drei ________________
5 zwei ________________
6 zwei ________________

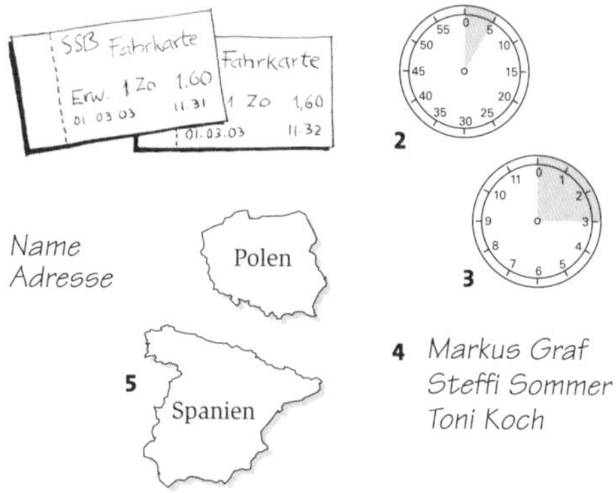

11 *Complete los espacios en blanco.*
Por ejemplo: ein Jahr – drei *Jahre*

_______ Minute	– drei ________		_______ Kleinstadt	– drei ________
_______ Stunde	– drei ________		_______ Geschäft	– drei ________
_______ Stadt	– drei ________		_______ S-Bahn	– drei ________
_______ Großstadt	– drei ________		_______ Auto	– drei ________

! El número 1: Se cuenta *eins – zwei – drei – vier,* etc.
- *ein-* se transforma en combinación con un nombre: ***ein*** *Tag (der Tag) –* ***zwei*** *Tage;* ***eine*** *Stunde (die Stunde) –* ***zwei*** *Stunden;* ***ein*** *Wort (das Wort) –* ***zwei*** *Wörter*

12 *Repaso*
Recuerde estas expresiones. Lo mejor sería aprenderlas de memoria.

Dar las gracias

Danke. / Vielen Dank. – Bitte.	*Gracias. / Muchas gracias. – De nada.*
Das ist nett (von dir).	*Es muy agradable (de tu parte).*
Das ist nett (von Ihnen).	*Es muy agradable (de su parte).*

Expresiones coloquiales

(Das ist) super. (Das ist) prima.	*(Es) maravilloso/guay. (Es) estupendo.*
Furchtbar viel / wenig / alt / schlecht.	*Muchísimo / poquísimo / viejísimo / malísimo*
Wie bitte?	*¿Cómo?*

! Furchtbar viel *es* sehr sehr viel.
Usted también puede decir: furchtbar lange *o* furchtbar alt …

13 *¿ a o ä, o u ö? Complete las palabras y repítalas después en voz alta.* 1|40

die St__dt – die St__dte

das L__nd – die L__nder

das W__rt – die W__rter

der S__tz – die S__tze

der P__ss – die P__sse

14A *¿Quién es ese señor?* 1|41

→ *Escuche el diálogo.*

→ *Complete después el siguiente texto.*

Herr Binder arbeitet i__ B______.

Er ist s_____ ein J____ dort.

Er k_____ Frau Antes.

14B 1|42

→ *Repita ahora lo que oiga. Intente imitar lo mejor que pueda la entonación y la pronunciación de la persona que habla.*

→ *Si no está seguro de haberlo entendido todo, puede leer aquí el texto.*

Frau Antes: Wer ist der Herr da?
Herr Meyer: Das ist Herr Binder. Er arbeitet jetzt in Bremen.
Frau Antes: Hallo, Herr Binder! Was machen Sie denn hier?
Herr Binder: Ja Frau Antes, guten Tag. Wie geht's Ihnen denn?
Frau Antes: Danke, gut. Und Ihnen?
Herr Binder: Auch gut.
Frau Antes: Sind Sie schon lange hier?
Herr Binder: Ja, schon ein Jahr.

Información cultural (Libro de texto, página 24) 1|43

Alemania está situada en el centro de Europa. Tiene nueve países fronterizos. Alemania tiene en el norte acceso al Mar del Norte y al Mar del Báltico.

¿Qué países son estos?
Escuche usted los nombres de los países y anótelos.

Escriba los nombres de los países en el mapa.

Control

Vocabulario

1. *Marque la traducción correcta.*

1. Danke.
- ☐ Por favor.
- ☐ Gracias.
- ☐ Lo siento.

2. Was kostet das?
- ☐ ¿Cuánto cuesta?
- ☐ ¿Cuándo llegas a casa?
- ☐ ¿Cuánto dura el trayecto?

3. nach Hause
- ☐ al trabajo
- ☐ del trabajo
- ☐ a casa

4. wenig Zeit
- ☐ poco tiempo
- ☐ mucho tiempo
- ☐ una hora

5. furchtbar viel
- ☐ muchísimo
- ☐ durísimo
- ☐ pequeñísimo

6. Wie bitte?
- ☐ ¿Qué pregunto?
- ☐ ¿Cómo?
- ☐ ¿Quién es?

2. *Escriba el singular.*

1. die Städte ____________________
2. fünf Minuten eine ____________________
3. zehn Stunden eine ____________________
4. die Fahrkarten ____________________
5. die Wörter ____________________
6. zwei Länder ein ____________________

Gramática

3. *Ponga el verbo entre paréntesis en la persona adecuada.*

1. ____________________ du zu Hause? (arbeiten)
2. ____________________ du heute Zeit? (haben)
3. Wir ____________________ sehr viel. (arbeiten)
4. ____________________ ihr mit dem Auto? (fahren)
5. Wir ____________________ mit der S-Bahn. (fahren)
6. Was ____________________ die Fahrkarte? (kosten)

4. *Complete los espacios en blanco con un artículo.*

1. ________ Wörter
2. ________ S-Bahn
3. ________ Fahrkarten
4. ________ Automat
5. ________ Großstadt
6. ________ Auto

¿Qué palabras están en plural? Escriba los números: ________.

5. *Complete con* a, ä, o *u* ö.

1. die St__ dt
2. die W__ rter
3. die S__ tze
4. das L__ nd
5. der P__ ss
6. die P__ sse

Controle sus respuestas en la clave al final del libro y cuente después cuántos puntos ha conseguido.

Total:		
	1 – 15	No estaría mal si volviera a repetir esta lección.
	16 – 26	Bastante bien, pero no estaría de más si volviera a mirar los diálogos y la gramática.
	27 – 30	¡Estupendo! Si le apetece, puede repetir otra vez el vocabulario, si no, pase simplemente a la lección siguiente.

Wer ist Claudia? Wer ist Robert? – ¿Quién es ...?

Ahora ha llegado el momento de saber algo más sobre Claudia y Robert. Seguro que usted quiere conocerlos un poco mejor.
Usted va a aprender a dar información sobre una persona y también a hacer las preguntas pertinentes para conseguir esta información. Además descubrirá mucho sobre los números en alemán. Al final de la lección le presentaremos un monumento muy especial.

1 *¿Quién es quién? Relacione cada uno de los datos que se dan con una fotografía. ¿Qué aspecto cree usted que tienen estas personas? Indíquelo poniendo el número correspondiente en cada círculo en blanco. A algunos los conoce usted ya, a otros no. Si no conoce todas las palabras, consulte usted el glosario al final del libro de trabajo.*

2 Claudia y Robert 1|44

→ *Escuche el diálogo 6A por lo menos dos veces.*
→ *Lea el diálogo en el libro de texto.*
→ *Escuche usted el diálogo y lea el texto al mismo tiempo.*
→ *Subraye usted ahora las sílabas tónicas.*
→ *Lea a continuación el diálogo en voz alta teniendo en cuenta lo que usted ha subrayado.*
→ *Pase usted ahora al vocabulario. Intente aprenderse de memoria el significado de las palabras y de las oraciones.*

6A

Claudia ist in Berlin geboren.	*Claudia nació en Berlín.*
Sie ist 23 Jahre alt.	*Tiene 23 años.*
Sie ist Medien-Designerin von Beruf.	*Es diseñadora informática de profesión.*
Sie ist ... (Designerin / Stewardess) von Beruf.	*Es ... (diseñadora / azafata) de profesión.*
Beruf (der), die Berufe	*profesión (la), las profesiones*
Sie arbeitet bei ...	*Trabaja en ...*
Ihre Hobbys sind Reisen und Sprachen.	*Sus aficciones son viajar y los idiomas.*
Hobby (das), die Hobbys	*aficción (la), las aficciones*
Sprache (die), die Sprachen	*idioma (el) / lengua (la), los idiomas / las lenguas*
Ihre Handy-Nummer ist ...	*Su número de móvil es ...*
Handy-Nummer (die), die Handy-Nummern	*número de móvil (el), los números de los móviles*

6B

1|45

→ *Escuche el diálogo 5A por lo menos dos veces.*
→ *Lea el diálogo en el libro de texto.*
→ *Escuche el diálogo y lea el texto al mismo tiempo.*
→ *Subraye usted las sílabas tónicas.*
→ *Pase ahora al vocabulario.*

eine Kleinstadt in Bayern	*una pequeña ciudad de Baviera*
Sie liegt südlich von München.	*Está (situada) al sur de Múnich.*
liegen – er/sie liegt	*estar (situado) – está (situado)*
südlich von	*al sur de*
Robert studiert Informatik.	*Robert estudia informática.*
studieren – er/sie studiert	*estudiar – estudia*
Student (der), -en/Studentin (die), -nen	*estudiante (el/la), -s*
Er hat viele Hobbys und immer wenig Zeit.	*Tiene muchas aficciones y siempre poco tiempo.*
immer	*siempre*
Seine Handy-Nummer ist …	*Su número de móvil es …*
Seine Telefonnummer ist …	*Su número de teléfono es …*
Telefonnummer (die), -n (das Telefon + die Nummer)	*número de teléfono (el), -s*
Er findet Claudia sehr sympathisch.	*Encuentra muy simpática a Claudia.*
sympathisch	*simpático*

!

Er studiert **X** Informatik.
Sie studiert **X** Sprachen.
Nanni Köhler ist **X** Ärztin.
X = sin artículo

3 *¿De dónde es Robert? ¿Qué estudia Roberto? ¿Dónde está ahora?*
Complete las oraciones.

4 *¿Qué falta?*

5 *Nosotros preguntamos – usted responde*
Escriba oraciones completas.

6 *¿Qué le parecen estas cosas?*
Relacione las oraciones con los dibujos.

1|46

7 Wie bitte? *Pregunte como en el ejemplo.*
Usted está manteniendo una conversación, pero no se entera de todo y tiene que preguntar.
Escuche las oraciones y pregunte usted. Después oiga las preguntas correctas.

8 *¿Qué le parecen estas personas? Complete las oraciones con la persona y el adjetivo.*
¿Le han causado ya una impresión determinada los personajes que ha conocido hasta ahora?

Preguntas con interrogativos – W-Fragen

Wer ist Claudia?	**Wie** alt ist sie?
Woher kommt sie?	**Was** ist sie von Beruf?
Wo wohnt sie?	**Wie** lange kennt sie Robert?

- Los interrogativos comienzan con la *W.*
- En estas oraciones aparece normalmente *denn*. Así suena más personal: Wer ist *denn* Claudia? Woher kommt sie *denn*? Wo wohnt sie *denn*?

9 *Usted es un poco curioso y quiere saber más sobre Robert. Busque la respuesta adecuada.*

1. Wie heißt Robert denn mit Nachnamen?
2. Wo wohnt er denn?
3. Wo liegt denn Bayern?
4. Wo studiert er?
5. Was studiert er denn?
6. Arbeitet Robert viel?
7. Wie findet er Claudia?

a. Nein, nicht so viel.
b. Sehr sympathisch.
c. Er heißt Klein.
d. Er studiert Informatik.
e. In Rosenheim in Bayern.
f. Im Süden von Deutschland.
g. In München.

Los números – Zahlen

1|47

En la lección 3 ha aprendido los números del 0 al 10.

10 **zehn**	17 **siebzehn**	30 drei**ßig**	200 zwei**hundert**
11 **elf**	18 acht**zehn**	40 vier**zig**	300 drei**hundert**
12 **zwölf**	19 neun**zehn**	50 fünf**zig**	400 vier**hundert**
13 drei**zehn**		60 sech**zig**	500 fünf**hundert**
14 vier**zehn**	20 zwan**zig**	70 sieb**zig**	600 sechs**hundert**
15 fünf**zehn**	21 **einundzwanzig**	80 acht**zig**	700 sieben**hundert**
16 **sechzehn**	22 **zweiundzwanzig**	90 neun**zig**	800 acht**hundert**
	...		900 neun**hundert**
		100 **hundert**	
		101 hunderteins	1000 **tausend**
		102 hundertzwei	2000 zwei**tausend**
		...	1000 000 **eine Million**

!

Lea los números del 13 al 99 – a excepción de las decenas – de derecha a izquierda:
13 = *dreizehn*, 21 = *einundzwanzig*.

10 *Escriba los siguientes números.*

150 Euro	________ Euro		15 Euro	________ Euro	
25 Euro	________ Euro		5 Euro	________ Euro	
73 Euro	________ Euro		99 Euro	________ Euro	

1|48

11 *Escuche los siguientes números de teléfono y escriba en los espacios en blanco las cifras que faltan.*

1. 089 – __ __ 37 49. Das ist in München.
2. 040 – 77 8__ 90. Das ist in Hamburg.
3. 030 – 30__ 26 5__. Das ist in Berlin.
4. 069 – __ 2 __ 6 __ 0. Das ist in Frankfurt am Main.

Los números de teléfono están compuestos por un prefijo, por ejemplo el 089 para Múnich o el 030 para Berlín, y el número particular de cada uno. Normalmente las cifras se dicen de una en una: 3 – 4 – 6 – 5 – 8 – 3.

12 *Repaso*
Recuerde estas expresiones. Lo mejor sería aprenderlas de memoria.

Preguntar por lugares y países	
Wo liegt … (+ Ort/Stadt/Land)?	*¿Dónde está (situado/a) … (+ lugar/ciudad/país)?*
Im Norden/Süden/Osten/Westen von …	*En el norte/sur/este/oeste de …*
Nördlich/Südlich/Östlich/Westlich von …	*Al norte/sur/este/oeste de …*

Preguntas personales	
Wie heißen Sie? – (Ich heiße …) … (Vorname + Zuname)	*¿Cómo se llama usted? – (Me llamo …) … (nombre + apellido)*
Wie ist Ihr Name? – … Ich buchstabiere.	*¿Cuál es su nombre? – … (Se lo) deletreo.*
Woher sind Sie? – Aus …	*¿De dónde es usted? – De …*
Wo arbeiten Sie? – Bei … (Firmenname)	*¿Dónde trabaja usted? – En … (nombre de la empresa)*
Wo sind Sie geboren? – In … (Land/Stadt/Ort)	*¿Dónde nació usted? – En … (país/ciudad/lugar)*
Wo wohnen Sie? – In … (Stadt/Ort)	*¿Dónde vive usted? – En … (ciudad/lugar)*
Wie alt sind Sie? – Ich bin … (24) Jahre alt.	*¿Cuántos años tiene? – Tengo … (24) años.*
Was sind Sie von Beruf? – Ich bin … (Designerin/Ingenieur)	*¿Qué profesión tiene usted? – Soy … (diseñadora/ingeniero)*
Wie ist Ihre Adresse?	*¿Cuál es su dirección?*
Wie heißt du?	*¿Cómo te llamas?*
Woher bist du?	*¿De dónde eres?*
Was studierst du?	*¿Qué estudias?*

13 *Repita usted los números.* 1|49

zwei	zwanzig	zweihundert
drei	dreißig	dreihundert
vier	vierzig	vierhundert
fünf	fünfzig	fünfhundert
sechs	sechzig	sechshundert
sieben	siebzig	siebenhundert

14 *Se lo deletreo.* 1|50

Si tiene un nombre sencillo es usted afortunado y va a evitarse algún que otro problema. Pero si su nombre es complicado va a tener que deletrearlo con mucha frecuencia. Deletree su nombre y diga su número de teléfono.
Comience usted así: Ich heiße ... Ich buchstabiere: ... Meine Telefonnummer ist: ...

Aquí tiene usted el alfabeto para deletrear algo al teléfono:

A wie Anton
B wie Berta
C wie Cäsar
D wie Dora
E wie Emil
F wie Friedrich
G wie Gustav
H wie Heinrich
I wie Ida
J wie Julius
K wie Kaufmann
L wie Ludwig
M wie Martha
N wie Nordpol
O wie Otto
P wie Paula
Q wie Quelle
R wie Richard
S wie Samuel
T wie Theodor
U wie Ulrich
V wie Viktor
W wie Wilhelm
X wie Xanthippe
Y wie Ypsilon
Z wie Zacharias

Información cultural sobre Neuschwanstein (Libro de texto, página 28)

El sur de Alemania es una zona turística. A ningún otro estado federal van tantos turistas como a Baviera y a su capital Múnich. Baviera es el punto de destino favorito de los turistas alemanes y de los de todo el mundo.
A poco más de una hora de Múnich se encuentran los castillos que mandó a construir el rey Ludwig II en el siglo XIX. Era un rey como el de los cuentos que amaba los castillos y la música, especialmente la de Wagner, al que se llevó a Múnich. El hecho de que el rey fuera una persona muy solitaria al final de su vida y de que muriera ahogado de forma no muy clara en el lago Starnberg ha envuelto su figura en una leyenda de magia y misterio.

Responda las preguntas.

Vocabulario

1. *Escriba la palabra o las palabras.*

1. K_ ei_ st_ dt
2. v_ _ l_ n D_ _ k
3. T_ _ _ fonnum_ _ _
4. n_ _ _ Hau_ _
5. Ho_ _ y
6. i_ t_ ress_ _ _

2. *Escriba las oraciones.*

1. erstudiert ______________________
2. siestudiertinhamburg ______________________
3. eristindeutschlandgeboren ______________________
4. eristdreijahrealt ______________________
5. woarbeitensie ______________________
6. wassindsievonberuf ______________________

Gramática

3. *Subraye la forma correcta.*

1. Wo [arbeiten] [arbeitest] [arbeite] du?
2. Wer [studieren] [studiert] [studiere] Informatik?
3. Ich [fahre] [fährst] [fahren] immer mit der S-Bahn.
4. Wann [kommst] [kommt] [kommen] du nach Hause?
5. Wann [habe] [hast] [hat] du Zeit?

4. *Aquí hay algunas oraciones importantes que debería poder emplear ya activamente en una conversación. Subraye el interrogativo correcto.*

1. [Wer] [Wo] [Was] sind Sie geboren?
2. [Was] [Wer] [Wie lange] sind Sie von Beruf?
3. [Wie] [Wie lange] [Wo] arbeiten Sie? (Firma)
4. [Was] [Wie] [Wo] finden Sie die Arbeit?
5. [Wie] [Wie lange] [Wo] arbeiten Sie schon dort?
6. [Wer] [Wie] [Was] sind Ihre Hobbys?

Comprensión auditiva

1|51

5. *Escuche este pequeño diálogo y marque las respuestas correctas.*

1. Der Mann
- ☐ ist in Deutschland geboren.
- ☐ ist nicht in Deutschland geboren.

2. Er
- ☐ arbeitet.
- ☐ studiert.

3. Er ist
- ☐ ein Jahr da.
- ☐ schon fünf Jahre da.

Controle sus respuestas en la clave al final del libro y cuente después cuántos puntos ha conseguido.

Total:		
	1 – 14	¡Ay!, esto no está todavía bien del todo. Vuelva a repetir esta lección rápidamente.
	15 – 23	Bastante bien, pero no estaría mal si volviera a repasar la gramática y el vocabulario.
	24 – 26	¡Excelente! Ya puede comenzar con la lección 7.

Entschuldigung! – ¡Disculpe!

Antes de comenzar el trabajo, Herr Heinrich les ofrece a los presentes algo de beber. En este diálogo va a aprende usted a expresar un deseo y a preguntar por los deseos de los demás. Los vebos modales *möchten* y *können* son fundamentales para poder hacerlo.

1 *Complete*
Como preparación para el primer ejercicio haga usted, por favor, el ejercicio 1. La pregunta que hay que hacer para saber lo que desea otra persona es Möchten Sie ... / Möchtest du ...? *– ¿Le gustaría ... / Te gustaría ...? Si no conoce todas las palabras, puede usted consultar el glosario.*

2 Tomar un café en la oficina 1|52

→ *Escuche primero lo que dicen Herr Heinrich y Frau Bruckner. Parece que ha ocurrido algo. Escuche la conversación por lo menos dos veces.*
→ *Lea el diálogo.*
→ *Escuche usted el diálogo y lea el texto al mismo tiempo. Subraye las sílabas tónicas si lo desea.*
→ *Ahora aprenda el vocabulario.*

Möchten Sie etwas trinken?	*¿Le gustaría beber algo?*
möchten – er / sie möchte	*le gustaría*
etwas	*algo*
trinken – er / sie trinkt	*beber – bebe*
Kaffee (der)	*café (el)*
Haben Sie auch Tee?	*¿Tiene también té?*
Tee (der)	*té (el)*
Ja, natürlich.	*Sí, naturalmente.*
tut mir leid	*lo siento*
Der Tee ist schon kalt.	*El té ya está frío.*
Dann nehme ich Kaffee.	*Entonces tomo café.*
Milch (die)	*leche (la)*
Zucker (der)	*azúcar (el)*
Nur Milch, bitte.	*Sólo leche, por favor.*
nur	*sólo*
Macht nichts.	*No importa.*
nichts	*nada*
Hier ist eine Serviette.	*Aquí tiene una servilleta.*
Serviette (die), die Servietten	*servilleta (la), las servilletas*
Wir arbeiten jetzt bis Mittag.	*Ahora trabajamos hasta el mediodía.*
Mittag (der), die Mittage	*mediodía (el), los mediodías*
Dann machen wir eine Stunde Pause	*Después tenemos una hora de descanso*
Pause (die), die Pausen	*descanso (el), los descansos*

und gehen in die Kantine.	*y vamos a la cafetería de la empresa.*
gehen – er / sie geht	*Ir – va*
Kantine (die), die Kantinen	*cafetería (la), comedor (el), bar-restaurante (el) de una empresa*
Einverstanden.	*De acuerdo.*

¿Ha entendido lo que ha ocurrido? Herr Heinrich ha derramado un poco de café, pero por suerte sólo en el plato. Por eso ha traído una servilleta.

3 *¿Cómo es el orden? Escriba los números en el orden que crea correcto.*

4 *Pregunte usted ahora.*
¿Cómo sigue la oración? Busque la continuación adecuada y anote la letra que corresponda.

Se dice *Entschuldigung*:
- cuando uno ha provocado un pequeño incidente
- o antes de formular una pregunta educada: *Entschuldigung, wie ist Ihr Name?*

5 *Crucigrama*
¿Lo puede resolver? Senkrecht significa vertical, waagerecht significa horizontal.
La solución es una palabra que usted necesita continuamente.
Tome de cada palabra la siguienete letra:
1. la cuarta letra
2. la quinta letra
3. la cuarta letra
4. la primera letra
5. la tercera letra _ _ _ _ _

1|53 **6** *Escuche las preguntas. Responda educadamente. Después escuche las respuestas.*
Usted es el invitado y le van a preguntar qué desea. Elija una respuesta educada.

7 *¿Qué palabra no pega?*
Escriba la palabra que no pegue en cada grupo.

8 *Anotaciones de Chris Bruckner*
Notas del primer día de la visita.

Artículo determinado e indeterminado – Artikel: bestimmt und unbestimmt: *der, die, das* y *ein / eine*

singular	masculino	femenino	neutro
pronombre personal	er	sie	es
artículo determinado	der Name	die Adresse	das Land
artículo indeterminado	**ein** Name	**eine** Adresse	**ein** Land

Hay tres formas para el artículo determinado y dos para el indeterminado: *der/die/das* y *ein/eine*.

Cuidado: Las cantidades indeterminadas no llevan artículo:
Möchten Sie Kaffee?/Tee, bitte, mit Milch.

9 *Complete los espacios en blanco con un artículo indeterminado (*ein / eine*).*

Was ist das?

Wasserburg	Das ist ________	Kleinstadt.
0170 – 82 73 47	Das ist ________	Handy-Nummer.
Andy	Das ist ________	Vorname.
Lettland	Das ist ________	Land in Nordeuropa.
81825	Das ist ________	Postleitzahl.
etwas	Das ist ________	Wort.

Verbos – Verben: e → *i(e) / möchten / können*

		nehmen	möchten	können
Singular	ich	nehme	möchte	**kann**
	du	n**i**mmst	möchtest	**kannst**
	er / sie	n**i**mmt	möchte	**kann**
Plural	wir	nehmen	möchten	können
	ihr	nehmt	möchtet	könnt
	sie / Sie	nehmen	möchten	können

- Algunos verbos fuertes cambian la *e* en *i* o *ie (nehmen: du nimmst, er/sie nimmt; lesen: du liest, er/sie liest, sprechen: du sprichst, er/sie spricht; geben: es gibt)*
- *möchten* expresa un deseo. Es un verbo modal: *Ich **möchte** noch etwas Kaffee.*
- *können* también es un verbo modal. Expresa un deseo en forma de pregunta: ***Kann** ich bitte die Milch **haben**?*

Cuando usted utiliza *möchten* se está expresando de una forma educada. Por eso puede omitir otros términos como *bitte* o *gern* que también expresan cortesía: *Möchten Sie Kaffee oder Tee?*

10 *¿Qué forma falta?*

möchtet | kannst | kann | möchte | können | nimmt | kann | nimmst | möchtest

		nehmen	möchten	können
Singular	ich	nehme		
	du			
	er/sie		möchte	
Plural	wir	nehmen	möchten	können
	ihr	nehmt		könnt
	sie/Sie	nehmen	möchten	

11 *Complete las oraciones con* möchten *o* können.

__________ Sie Kaffee oder Tee?
__________ ich etwas Milch haben?
__________ ich eine Serviette haben?
__________ Sie telefonieren?
__________ ich bitte telefonieren? *(llamar por teléfono)*
__________ Sie ein Hotelzimmer? *(habitación de hotel)*
__________ Sie das wiederholen? *(repetir)*
__________ Sie mir helfen? *(ayudar)*

12 *Rellene los espacios en blanco con:* wer * wann * wo * wie * was * woher.

Können Sie mir sagen, … *(Me puede decir …)*

_______ das Hotel ist?
_______ der Bus kommt?
_______ der Herr heißt?
_______ die Fahrkarte kostet?
_______ Herr Bünzli kommt? Aus der Schweiz?
_______ Herr Heinrich ist?

13 *Repaso*

Disculparse

Tut mir leid.	*Lo siento.*
Entschuldigung.	*Disculpe.*
Entschuldige./Entschuldigen Sie.	*Disculpa./Disculpe.*
(Das) macht nichts./Bitte.	*No importa./Por favor.*

Preguntar por los deseos de los otros/ofrecer algo

Möchten Sie …/Möchtest du … (Kaffee)?	*¿Le gustaría …/Te gustaría … (Kaffee)?*

14 *Marque con una cruz.* 1|54

Las vocales a, e, i, o, u *pueden ser en alemán largas o cortas. Esta diferencia es muy importante para tener una buena pronunciación. Intente por eso imitar lo más exactamente posible la pronunciación de la persona que va a oír usted. Escuche ahora con atención y marque con una cruz si las vocales son largas o cortas. Repítalo después otra vez.*

	kurz (corta)	lang (larga)		kurz (corta)	lang (larga)
h**a**ben	☐	☐	schl**e**cht	☐	☐
h**a**t	☐	☐	sch**o**n	☐	☐
d**a**	☐	☐	k**o**mmt	☐	☐
d**a**nn	☐	☐	S**ie**	☐	☐
St**a**dt	☐	☐	s**i**nd	☐	☐
J**a**hr	☐	☐	n**u**r	☐	☐
T**ee**	☐	☐	eine St**u**nde	☐	☐

15 *Una las expresiones españolas con sus equivalentes en alemán. Escúchelas y repítalas después en voz alta.* 1|55

¿Quién es, por favor?
Soy Meier. / Soy Beate Meier.

¿Es usted Meier?
Sí, soy Meier.

¿Es usted Meier?
No, soy Keller.
¿Tiene usted el número 34 57?
No, el 34 77.
Disculpe. Adiós.

Ist dort Meier?
Nein, hier ist Keller.
Haben Sie 34 57?
Nein, 34 77.
Entschuldigung. Auf Wiederhören.

Wer ist dort bitte?
Hier ist Meier. / Hier ist Beate Meier.

Ist dort Meier?
Ja, hier Meier.

Información cultural (Libro de texto, página 32)

En una cafetería se puede llevar uno sorpresas. Además del café con leche, en Alemanía se consume mucho el "Espresso" (pequeño café solo) y el "Cappuccino", dos modalidades procedentes de Italia. En ningún lado hay tantos tipos de cafés como en Austria. Existe el "Schwarzen" (café solo sin azúcar), el "Braunen" (café solo con nata montada), el "Kapuziner" (pequeño café solo con nata montada), el "Mokka" (café solo muy cargado, Mokka es una palabra árabe), el "Doppelmokka" (doble cantidad que un Mokka), el "Melange" (mitad café, mitad leche), el "Wiener Melange" (como Melange, pero con leche espumosa) y el "Fiaker" (café solo con ron o coñac). Nada fácil si uno no está familiarizado con el tema.
Tampoco en Suiza es siempre tan fácil. Si pides, por ejemplo, un "Schale" (cuenco), te traen un café con leche.

Vocabulario

1. *Complete los espacios en blanco.*

1. Kaffee oder ______________________?
2. Tee mit Z______________________
3. Entschuldigung. – Macht ____________.
4. Mann und ______________________
5. Hobby und ______________________
6. im Norden und im S________________

2. *¿Cuál es la traducción correcta?*

1. Macht nichts.
   - ☐ No importa.
   - ☐ No hace nada.
   - ☐ Es muy amable.

2. Kann ich bitte …?
   - ☐ Tomaré …
   - ☐ ¿Puedo , por favor, …?
   - ☐ ¿Tiene usted …?

3. Ich möchte …
   - ☐ Me gustaría …
   - ☐ Tomo …
   - ☐ Tengo …

4. Einverstanden?
   - ☐ ¿De acuerdo?
   - ☐ ¿Cuánto?
   - ☐ ¿Qué le gustaría?

5. Tut mir leid, …
   - ☐ Estoy bien.
   - ☐ Lo siento.
   - ☐ No importa.

6. Ja, natürlich.
   - ☐ Vale, estupendo.
   - ☐ Exactamente.
   - ☐ Sí, naturalmente.

Gramática

3. *Complete.*

1. Möchte___ Sie Tee?
2. Ich möcht___ gern Kaffee.
3. Ich nehm___ Zucker und Milch.
4. Wir arbeit___ bis Mittag.
5. Wer geh___ in die Kantine?
6. Mach___ Sie auch eine Pause?
7. Könn___ wir jetzt eine Pause machen?
8. Wer k_________ mir helfen?

4. *Complete con* ein / eine.

1. _______ Person
2. _______ Hotel
3. _______ Straße
4. _______ Übung
5. _______ Großstadt
6. _______ Ort
7. _______ Reise
8. _______ Hobby

Controle sus respuestas en la clave al final del libro y cuente después cuántos puntos ha conseguido.

Total:		
	1 – 16	Antes de continuar creemos que es necesario que vuelva a repetir esta lección.
	17 – 23	Bastante bien, pero todavía se puede hacer mejor. Por favor, vuelva a repasar los diálogos y la gramática.
	24 – 28	Muy bien. Pase a la lección siguiente.

Zu Hause – En casa

Claudia y Robert han llegado por fin a casa después de una hora de trayecto. Niki, el novio de Claudia, ya está allí.
Niki explica lo que ha preparado. Habla de algo en el pasado. A partir de ahora vamos a aprender a hablar de algo que ya ha ocurrido.

1 *Aquí falta algo. Escriba las vocales.*
Como preparación haga el ejercicio 1. En todas las palabras faltan las vocales. ¿Le llama algo la atención? Hay muchas **e***s, sobre todo en las terminaciones:* hör**e**n, hör**e**, ess**e**, *etc.*

2 En casa de Claudia y Niki 1|56
→ *Escuche cómo sigue la historia.*
→ *Escuche y lea al mismo tiempo.*
→ *Aprenda las palabras.*

Du bist ja zu Hause!	*¡Ya estás en casa!*
zu Hause	*en casa*
Na klar.	*Pues claro.*
Ich bin extra früher gegangen.	*He salido a propósito antes.*
extra	*a propósito, especialmente*
früher	*antes*
gehen – er / sie geht, ist gegangen	*Ir(se) – va, ha ido*
Alles bestens.	*Todo estupendamente.*
Claudia sagt, du arbeitest viel.	*Claudia dice que trabajas mucho.*
sagen – er / sie sagt, hat gesagt	*decir – dice, ha dicho*
Ach was!	*¡Anda ya!*
Von nichts kommt nichts. (Sprichwort)	*Si no haces nada no consigues nada. (proverbio)*
sagt man	*se dice*
man	*se*
Die Arbeit macht auch Spaß.	*Además el trabajo es divertido.*
Spaß (der)	*diversión (la)*
Du hast recht.	*Tienes razón.*
recht haben – er / sie hat recht	*tener razón – tiene razón*
Und jetzt essen wir was.	*Y ahora vamos a comer algo.*
essen – du isst, er / sie isst, hat gegessen	*comer – comes, come, ha comido*
was = etwas	*algo*
Nun bin ich dran.	*Ahora me toca a mí.*
nun	*ahora*
dran sein – er / sie ist dran	*tocar – le toca*
Ich habe nämlich eine Überraschung.	*¡Es que tengo una sorpresa!*
nämlich	*es que, a saber*

Überraschung (die), die Überraschungen	*sorpresa (la), las sorpresas*
Es gibt heute Spaghetti und Salat.	*Hoy hay espagueti(s) y ensalada.*
geben – es gibt, hat gegeben	*dar – hay, ha habido*
Spaghetti (die Pl.)	*espagueti(s) (los)*
Salat (der), die Salate	*ensalada (la), las ensaladas*
Ich habe gekocht.	*He cocinado.*
kochen – er / sie kocht, hat gekocht	*cocinar – cocina, ha cocinado*
klasse	*estupendo*

1|57

3 *Complete.*
Elija la expresión adecuada. Escuche después otra vez el diálogo y corrija sus respuestas.

4 *Sopa de letras*
Busque las dos palabras que están escondidas. Son palabras que usted ya sabe:

H____________ y D____________.

5 *¿Qué dicen Robert, Niki y Claudia? Marque la respuesta correcta.*
Seguro que todavía se acuerda de lo que han dicho Robert, Claudia y Niki.

6 *Complete.*
Aquí faltan las formas de sein *y* haben. *Son parte del pretérito perfecto.*

7 *¿Qué dice usted?*
Aquí puede comprobar usted si sabe reaccionar bien. Conteste con la expresión adecuada.

8 *El diario de Robert*

El pretérito perfecto I – Das Perfekt 1

			kochen			gehen
Singular	ich	habe	**gekocht**	ich	bin	**gegangen**
	du	hast		du	bist	
	er / sie	hat		er / sie	ist	
Plural	wir	haben		wir	sind	
	ihr	habt		ihr	seid	
	sie / Sie	haben		sie / Sie	sind	

- Si usted habla de algo en el pasado, utiliza el pretérito perfecto. Por ejemplo: *Gestern habe ich gekocht. Heute gehen wir essen.*
- En alemán es posible utilizar el pretérito perfecto en casos en los que en español necesitaríamos el indefinido.
- El pretérito perfecto consta de dos partes: *Gestern habe ich Spaghetti gekocht.* Usted necesita una forma personal de *haben* o *sein* (*ich habe, du hast*, etc.) y un participio pasado (*gekocht*).
- El participio pasado comienza normalmente con *ge-* y termina en *-(e)t* (*gearbeitet, gekocht*) o *-en* (*gegangen*). Va al final de la oración y es invariable.
- En alemán hay verbos débiles y verbos fuertes. Los débiles tienen la terminación *-(e)t*, los fuertes *-en*.

9 *¿Qué ocurre en el presente? ¿Qué ocurre en el pasado?*
*Marque usted con **G** (= Gegenwart = presente) o **V** (= Vergangenheit = pasado).*

____ Was hast du heute gemacht?

____ Wo bist du geboren?

____ Fahrt ihr in die Stadt?

____ Was heißt das?

____ Hast du Hunger?

____ Ich habe schon gegessen.

____ Hast du gearbeitet?

____ Du hast recht.

____ Ich bin früh nach Hause gegangen.

____ Wohin fährt die Bahn?

Verbos con cambio vocálico – Verben mit Vokalwechsel

		fahren	sprechen	lesen
Singular	ich	fahre	spreche	lese
	du	f**ä**hrst	spr**i**chst	l**ie**st
	er / sie	f**ä**hrt	spr**i**cht	l**ie**st
Plural	wir	fahren	sprechen	lesen
	ihr	fahrt	sprecht	lest
	sie / Sie	fahren	sprechen	lesen

Algunos verbos fuertes sufren un cambio en la vocal de la raíz: *a* → *ä*, *i* → *i(e)*.
Las formas *du* y *er/sie* que son irregulares aparecen el las listas de vocabulario.

10 *Anote los verbos que sufren algún cambio en las personas* du *y* er / sie.

lesen | machen | essen | haben | gehen
sein | geben | trinken | fahren | nehmen | sprechen

infinitivo	du	er / sie	infinitivo	du	er / sie

11 *¿Cuál es el antónimo?*

etwas	nichts
jemand *(alguien)*	niemand *(nadie)*
viel	wenig
früher	später

Ich habe heute nichts gekocht. Ich ________________.

Ist da jemand? Da ist ________________.

Du arbeitest zu wenig. Nein, ich ________________.

Wir sind extra später gegangen. Ich bin extra ________________.

12 *Repaso*

Recuerde estas expresiones. Lo mejor sería aprenderlas de memoria.

Estar de acuerdo / no estar de acuerdo

Du hast / Sie haben (nicht) recht.	*Tienes / Tiene razón.*
Ja. / Nein. / Einverstanden.	*Sí. / No. / De acuerdo.*

Expresiones coloquiales 2

Du bist ja zu Hause! – Na klar.	*¡Ya estás en casa! – Pues claro.*
Einverstanden? – Einverstanden. (= Sind Sie / bist du einverstanden? – Ich bin einverstanden.)	*¿De acuerdo? – De acuerdo.* *(= ¿Está / Estás de acuerdo?* *– Estoy de acuerdo.)*
was = etwas	algo
extra: Ich bin extra früher gegangen.	*A propósito, especialmente: He salido a propósito antes.*
Das ist prima / klasse.	*Es estupendo.*
Ich bin / Du bist / Sie sind dran.	*Me / Te / Le toca.*

En alemán muchas terminaciones contienen una *-e-*. Esta *-e-* se pronuncia de una forma muy débil, y es precisamente en la pronunciación de las terminaciones donde se reconoce lo bien que usted ya sabe hablar alemán.

13 *Así que escuche atentamente y repita.* 1|58

essen	kochen	gehen
sagen	fragen	lesen
der Name	die Straße	die Adresse
die Tage	die Städte	die Berufe
der Hunger	das Wetter	die Nummer
die Studenten	die Minuten	die Verben

14 *Entonación* 1|59

Aquí tiene usted algunos participios que ya conoce. La fuerza tónica siempre recae en la segunda sílaba. Intente repetirlos pronunciándolos lo mejor posible.

geboren gemacht gegessen gearbeitet gefahren gegangen

15 *Escriba un diálogo. Complete las siete oraciones siguientes.* 1|60

Hallo.	Wer / … / dort / bitte?
Hier / Meyer.	… / dort Meyer / Telefon 46 88 11?
Nein / hier / … Meyer / Telefon 46 77 11.	Oh, Entschuldigung.
Bitte / sehr.	

Escuche atentamente y repita lo que oiga.

Información cultural (Libro de texto, página 36)

Los proverbios o refranes y las imágenes que encierran son a veces muy graciosos. Son típicos de una lengua. Piense si existe algún proverbio semejante en su idioma y con qué imagen lo expresan.

Escriba las palabras que faltan.

Para que comprenda mejor los proverbios vamos a parafrasear algunos de ellos y a darle algunos ejemplos.

Si te tomas un tiempo, encontrarás una solución.
Por ejemplo: El hijo tiene muy mala educación (= la manzana), esto lo ha heredado de su padre (= el árbol).
A veces es mejor probar algo que pensárselo mucho tiempo.
Por ejemplo: Si eres amable (= el tono), también te van a responder con amabilidad (= la música).
El que tiene muchos problemas se consuela con una buena copa (= licor, vino, alcohol).

La traducción exacta de estos proverbios la puede encontrar en el glosario.

Vocabulario

1. *Complete.*

recht | was | Hunger | nichts | Spaß | dran

1. Du hast ______________.
2. Du bist ______________.
3. Hast du ______________?
4. Das macht ______________.
5. Von nichts kommt ______________.
6. Ach ______________!

2. *Escriba las oraciones.*

1. er | gegangen | extra | früher | ist ______________
2. arbeitet | er | viel ______________
3. recht | sie | hat ______________
4. eine | Überraschung | das | ist ______________
5. hat | wer | gekocht ______________
6. er | Spaghetti | hat | gekocht ______________

Gramática

3. *Rellene los espacios en blanco con una forma de* haben *o* sein.

1. Was ______________ du gekocht? (haben)
2. ______________ Petra schon nach Hause gegangen? (sein)
3. ______________ ihr in die Stadt gefahren? (sein)
4. Wir ______________ um zwölf gegessen. (haben)
5. Er ______________ viel gearbeitet. (haben)
6. Was ______________ du heute gemacht? (haben)

4. *Escriba la tercera persona del singular.*

1. fahren er / sie ______________
2. essen er / sie ______________
3. nehmen er / sie ______________
4. geben es ______________
5. sein er / sie ______________
6. sprechen er / sie ______________

Controle sus respuestas en la clave al final del libro y cuente después cuántos puntos ha conseguido.

Total:		
	1 - 12	No estaría mal si volviera a repetir esta lección.
	13 - 20	Bastante bien, pero no estaría de más si volviera a mirar los diálogos y la gramática.
	21 - 24	¡Estupendo! Si le apetece, puede repetir otra vez el vocabulario, si no, pase simplemente a la lección siguiente.

Die Wohnung ist schön – El piso es bonito

Claudia y Niki encontraron el piso hace poco. Seguro que usted quiere saber cómo viven.
Mientras se informa va a aprender mucho acerca de los pisos, los alquileres y los anuncios, y también podrá decir lo que piensa sobre algunas cosas. Los adjetivos, claro está, van a ser muy importantes.

1 *¿Dónde está qué?*
Como preparación haga el ejercicio 1.

das Wohnzimmer	*el salón, la sala de estar*
das Schlafzimmer	*el dormitorio*
die Küche	*la cocina*
das Bad	*el baño*
die Toilette	*el servicio*
der Flur	*el recibidor*
der Balkon	*el balcón*

2 Dos habitaciones, cocina y baño
→ *Lea el texto.*
→ *Si no conoce todas las palabras, mire, por favor, en la lista de vocabulario.*

Die Wohnung von Claudia und Niki ist nicht groß.	*El piso de Claudia y Niki no es grande.*
Wohnung (die), die Wohnungen	*piso (el), los pisos*
von	*de*
Sie ist aber sehr gemütlich.	*Pero es muy acogedor.*
gemütlich	*acogedor*
Ein Zimmer mit Bad,	*Una habitación con baño,*
Zimmer (das), die Zimmer	*habitación (la), las habitaciones*
Bad (das), die Bäder	*baño (el), los baños*
das reicht, hat Niki immer gesagt.	*es suficiente, había dicho siempre Niki.*
reichen – es reicht, hat gereicht	*ser suficiente – es suficiente, ha sido suficiente*
sagen – er/sie sagt, hat gesagt	*decir – dice, ha dicho*
Und jetzt haben sie zwei Zimmer,	*Y ahora tienen dos habitaciones,*
eine Küche und ein Bad.	*una cocina y un baño.*
Küche (die), die Küchen	*cocina (la), las cocinas*
Auch für Besuch ist Platz.	*También hay sitio para las visitas.*
für	*para*
Besuch (der)	*visita (la)*
Platz (der)	*sitio (el), espacio (el)*
Robert schläft im Wohnzimmer.	*Robert duerme en el salón.*

schlafen – du schläfst, er / sie schläft, hat geschlafen	*dormir – duermes. duerme, ha dormido*
Claudia hat lange zu Hause gewohnt	*Claudia ha vivido mucho tiempo en casa de sus padres*
wohnen – er / sie wohnt, hat gewohnt	*vivir – vive, ha vivido*
und die Miete gespart.	*y se ha ahorrado el alquiler.*
Miete (die), die Mieten	*alquiler (el), los alquileres*
sparen – er / sie spart, hat gespart	*ahorrar – ahorra, ha ahorrado*
Dann haben sie die Wohnung im Norden von Berlin gefunden.	*Entonces encontraron el piso en el norte de Berlín.*
finden – er / sie findet, hat gefunden	*encontrar – encuentra, ha encontrado*
Claudia hat die Anzeige gelesen.	*Claudia leyó el anuncio.*
Anzeige (die), die Anzeigen	*anuncio (el), los anuncios*
lesen – du liest, er / sie liest, hat gelesen	*leer – lees, lee, ha leído*
Dachwohnung (die), die Dachwohnungen	*ático (el), los áticos*
45 qm (= Quadratmeter)	*45 m^2 (= metros cuadrados)*
550 Euro monatlich, warm, ab sofort frei	*550 euros al mes, incluida la calefacción, posible ocupación inmediata*

2|1 *Puede oír el texto. Después léalo usted en voz alta.*

3 *¿Qué es correcto?*
¿Se acuerda usted? Marque las afirmaciones que sean correctas.

4 *Ahora póngase en el lugar de Claudia y hable sobre su piso. Utilice* ich *y* wir.

5 *Alquileres, alquileres, alquileres ... Relacione cada casa con un anuncio.*
Diga a qué casa pertenece cada precio. Se trata de pisos en Múnich y sus alrededores.

6 *Vamos a calcular.*

7 *Coloque cada verbo en el lugar que le corresponda.*

2|2 **8** *¿Qué le parece esto?*
Escuche primero el ejemplo. Después nosotros preguntaremos y usted responderá. Repita la solución correcta.

Después de sein *aparece el nominativo, tras* finden *encontramos el acusativo.*

9 *Complete con el adjetivo adecuado.*
A los adjetivos a la izquierda del nombre hay que añadirles una terminación: das **schöne** Bad.
Los adjetivos a la derecha del nombre no tienen ninguna terminación: Das Bad ist **schön**.

El pretérito perfecto 2 – Das Perfekt 2

			kochen	wohnen	sparen	finden	lesen
Singular	ich	habe	**ge**koch**t**	**ge**wohn**t**	**ge**spar**t**	**ge**fund**en**	**ge**les**en**
	du	hast					
	er/sie	hat					
Plural	wir	haben					
	ihr	habt					
	sie/Sie	haben					

En el texto se habla de algo que ha sucedido en el pasado. En él aparecen algunas otras formas del perfecto con el verbo *haben*.

10 *Anote la respuesta correcta.*

1. Wohnt er in Hamburg? _____
2. Spart sie? _____
3. Geht Peter nach Hause? _____
4. Findet Claudia eine Wohnung? _____
5. Liest sie die Anzeige? _____
6. Kochst du? _____

a. Sie hat gespart.
b. Er hat in Hamburg gewohnt.
c. Sie hat schon eine Wohnung gefunden.
d. Er ist schon nach Hause gegangen.
e. Sie hat die Anzeige schon gelesen.
f. Ich habe schon gekocht.

El artículo determinado e indeterminado – Artikel: bestimmt und unbestimmt – Nominativ und Akkusativ: *der, ein – den, einen*

singular		masculino		femenino		neutro	
artículo determinado	*nom.*	der	Balkon	die	Küche	das	Bad
artículo indeterminado		ein	Balkon	eine	Küche	ein	Bad
artículo determinado	*ac.*	**den**	Balkon	die	Küche	das	Bad
artículo indeterminado		**einen**	Balkon	eine	Küche	ein	Bad

11 *Complete los espacios en blanco con un artículo indeterminado* (ein / eine).

Was ist das?

1. Das ist _______ Kantine.
2. Das ist _______ Bad.
3. Das ist _______ Wohnzimmer.
4. Das ist _______ Balkon.
5. Das ist _______ Küche.
6. Das ist _______ Schlafzimmer.

1

2

3

4

5

6

12 *Ahora complete las oraciones con un artículo determinado* (der / die / das).

_______ Kantine ist sehr groß.

_______ Bad ist klein.

_______ Wohnzimmer ist gemütlich.

_______ Balkon ist schön.

_______ Küche ist praktisch.

_______ Schlafzimmer ist nicht groß.

13 *Ponga el artículo determinado* (den, die, das) *que corresponda.*

Wie finden Sie _______ Kantine?

Wie finden Sie _______ Bad?

Wie finden Sie _______ Wohnzimmer?

Wie finden Sie _______ Balkon?

Wie finden Sie _______ Küche?

Wie finden Sie _______ Schlafzimmer?

14 *Rellene los huecos con un artículo* (einen, eine, ein).

Wir haben _______ Wohnung gefunden. Sie ist sehr schön.

Wir haben _______ Anzeige gelesen. Sie ist sehr interessant.

Wir haben _______ Lösung gefunden. Sie ist richtig.

Wir haben _______ Salat gemacht. Er ist sehr gut.

Wir haben _______ Büro im Zentrum gefunden. Das ist sehr praktisch.

15 *Ahora repasaremos algunas palabras y aprenderemos otras que pertenecen al mismo tema.*

La vivienda

wohnen – er / sie wohnt, hat gewohnt	*vivir – vive, ha vivido*
die Wohnung, die Wohnungen	*el piso, los pisos*
das Haus, die Häuser	*la casa, las casas*
das Wohnzimmer	*el salón, los salones*
das Schlafzimmer	*el dormitorio*
die Küche, die Küchen	*la cocina, las cocinas*
das Bad, die Bäder	*el baño, los baños*
der Balkon, die Balkone	*el balcón, los balcones*
der Flur, die Flure	*el recibidor, los recibidores*
die Toilette, die Toiletten	*el servicio, los servicios*
die Terrasse, die Terrassen	*la terraza, las terrazas*
der Garten, die Gärten	*el jardín, los jardines*
die Tür, die Türen	*la puerta, las puertas*
die Garage, die Garagen	*el garaje, los garajes*
die 2-Zimmer-Wohnung	*el piso de dos habitaciones*
die Miete, die Mieten	*el alquiler, los alquileres*
monatlich kalt / warm	*al mes sin/con calefacción*
der Platz (viel / wenig Platz)	*el sitio, el espacio (mucho/poco sitio, espacio)*
gemütlich – alt – neu	*acogedor – viejo – nuevo*

16 *Diga los números en voz alta. Imite lo mejor que pueda la pronunciación de la persona que habla. Tenga especial cuidado con la z- y con la terminación -zig.* 2|3

zehn	zwanzig	dreißig	siebzig
elf	einundzwanzig	vierzig	achtzig
zwölf	zweiundzwanzig	fünfzig	neunzig
dreizehn	dreiundzwanzig	sechzig	hundert
…	…		

17 *Ahora va a oír algunos precios. Anote sólo los números.* 2|4

Kaffee: ________ €

Fahrkarte: ________ €

Wohnung: ________ €

Haus: ________ €

1-Zimmer-Wohnung München: ________ €

1-Zimmer-Wohnung Norddeutschland: ________ €

18 *Escuche y repita.* 2|5
Una pareja joven está buscando piso. El marido habla por teléfono con el propietario.

Herr Bergmann:	Bergmann.
Paul Fischer:	Guten Tag, Herr Bergmann. Hier Fischer. Wir haben Ihre Anzeige gelesen. Ist die Wohnung noch frei?
Herr Bergmann:	Ja, da haben Sie Glück. Die ist noch frei.
Paul Fischer:	Prima. Wir – hm – meine Frau und ich – kommen sofort. Geht das?
Herr Bergmann:	Ja. Es ist jetzt 3 Uhr. Wann sind Sie dann hier?
Paul Fischer:	So um 5. Nicht später.
Herr Bergmann:	Gut, also dann bis 5.
Paul Fischer:	Bis 5. Vielen Dank. Auf Wiedersehen.

Información cultural (Libro de texto, página 40)

La solución de este acertijo es algo que usted le puede desear a alguien, una expresión que se puede utilizar en muchas situaciones. Para ilustrarlo se pueden ver algunas cosas que traen suerte.

Complete los números. Escriba las letras.

das Hufeisen	*la herradura*
der Fliegenpilz	*la amarita de las moscas [seta venenosa]*
der Schornsteinfeger	*el deshollinador*
das Kleeblatt	*el trébol*

Vocabulario

***1.** Marque la traducción correcta.*

1. die Wohnung
- ☐ piso
- ☐ recibidor
- ☐ salón

2. die Anzeige
- ☐ anuncio
- ☐ tiempo
- ☐ periódico

3. die Garage
- ☐ jardín
- ☐ garaje
- ☐ patio

4. 500 € monatlich kalt
- ☐ 500 euros al mes con calefacción
- ☐ 500 euros al mes sin calefacción
- ☐ 500 euros a la semana

5. ab sofort frei
- ☐ posible ocupación inmediata
- ☐ libre a final de mes
- ☐ sin fianza

6. Die Wohnung ist gemütlich.
- ☐ El piso es grande.
- ☐ Es un piso bonito.
- ☐ El piso es acogedor.

Gramática

***2.** Ponga los artículos que faltan.*

1. Die Wohnung hat 2 Zimmer: ________ Wohnzimmer und ________ Schlafzimmer.
2. Sie hat natürlich auch ________ Flur, ________ Küche und ________ Bad.
3. Sie hat k________ Terrasse.
4. Aber sie hat ________ Balkon.
5. ________ Bad ist nicht sehr groß.
6. ________ Toilette ist extra.

***3.** Complete con un participio:* gewohnt, gefunden, gespart, gesagt, gelesen, gemietet.

1. Wir haben eine Wohnung ____________________. (finden)
2. Was hast du ____________________?
3. Ich habe Geld ________________. Ich habe zu Hause ________________.
4. Wir haben die Anzeige ____________________.
5. Wir haben eine Dachwohnung ________________. (mieten)

Comprensión auditiva

2|6

***4.** Dos personas buscan piso. ¿Qué ha entendido usted? Marque la respuesta adecuada.*

1. Die Wohnung hat
- ☐ 1 Zimmer mit Bad.
- ☐ 2 Zimmer.
- ☐ 3 Zimmer.

2. Sie ist
- ☐ 35 qm groß.
- ☐ 46 qm groß.
- ☐ 55 qm groß.

3. Die Miete ist
- ☐ 600 Euro kalt.
- ☐ 850 Euro warm.
- ☐ 850 Euro kalt.

4. Die Telefonnummer ist
- ☐ 0911 – 62524.
- ☐ 0211 – 62424.
- ☐ 0911 – 62424.

Controle sus respuestas en la clave al final del libro y cuente después cuántos puntos ha conseguido.

Total:	1 – 11	¡Ay!, esto no está todavía bien del todo. Vuelva a repetir esta lección rápidamente.
	12 – 28	Bastante bien, pero no estaría mal si volviera a repasar la gramática y el vocabulario.
	19 – 21	¡Excelente! Ya puede comenzar con la lección 10.

Viel Verkehr! – ¡Mucho tráfico!

A la mañana siguiente Frau Bruckner toma un taxi para ir desde el hotel hasta la empresa Europartner. Llega un poco tarde. Ésta es una buena oportunidad para aprender la hora.

1 *Relojes – Relacione cada reloj con una hora.*
Como preparación haga el ejercicio 1. Cada reloj tiene una hora distinta. Diga a qué reloj le corresponde cada hora. Marque si el reloj va bien o mal, adelantado o atrasado.

Armbanduhr	*reloj de pulsera*
Taschenuhr	*reloj de bolsillo*
Digitaluhr	*reloj digital*
Kuckucksuhr	*reloj de cuco*
Küchenuhr	*reloj de cocina*
Bahnhofsuhr	*reloj de la estación*

Die Uhr geht …	*El reloj va…*
… richtig.	*… bien.*
… falsch.	*… mal.*
… vor.	*… adelantado.*
… nach.	*… atrasado.*

2 Chris Bruckner va en taxi a la empresa Europartner

→ *Chris Bruckner tiene prisa y toma un taxi. Oiga lo que le dice al taxista. Escuche el diálogo por lo menos dos veces.* 2|7

→ *Puede consultar la lista de vocabulario para entender mejor lo que sucede.*

Bitte in die Potsdamer Straße Nummer 205.	*Por favor, a la calle Potsdamer número 205.*
Nummer (die), die Nummern	*número (el), los números*
Heute ist viel Verkehr.	*Hoy hay mucho tráfico.*
Verkehr (der)	*tráfico (el)*
Haben Sie es sehr eilig?	*¿Tiene usted mucha prisa?*
es eilig haben – er/sie hat es eilig	*tener prisa – tiene prisa*
Ja, ich habe einen Termin um 10 Uhr.	*Sí, tengo una cita a las 10.*
Termin (der), die Termine	*cita (la), las citas*
um 10 Uhr	*a las 10*
Uhr (die), die Uhren/die Uhrzeit	*hora (la), las horas/la hora*
Kein Problem.	*No hay ningún problema.*
Problem (das), die Probleme	*problema (el), los problemas*
Wie weit ist es?	*¿Está muy lejos?*
Wie lange brauchen wir?	*¿Cuánto tiempo necesitamos?*
brauchen – er/sie braucht, hat gebraucht	*necesitar – necesita, ha necesitado*
Ungefähr vierzig Minuten.	*Aproximadamente cuarenta minutos.*
ungefähr	*aproximadamente*
Wir nehmen die Stadtautobahn.	*Vamos a coger la autopista (de la ciudad, urbana).*
Stadtautobahn (die), die Stadtautobahnen	*autopista (la) de la ciudad, las autopistas de la ciudad*
Berlin hat viel Wasser.	*Berlín tiene mucha agua.*

Wasser (das)	*agua (la)*
Man sieht viele Häfen und Kanäle.	*Se ven muchos puertos y canales.*
sehen – du siehst, er/sie sieht, hat gesehen	*ver – ves, ve, ha visto*
Hafen (der), die Häfen	*puerto (el), los puertos*
Kanal (der), die Kanäle	*canal (el), los canales*
Wie in Venedig.	*Como en Venecia.*
fast	*casi*
Ich komme leider eine Viertelstunde später.	*Por desgracia voy a llegar un cuarto de hora tarde.*
Viertelstunde (die)	*cuarto de hora (el)*
Bis gleich.	*Hasta ahora .*
Morgens ist immer Stau.	*Por la(s) mañana(s) siempre hay atasco.*
morgens	*por la(s) mañana(s)*
Stau (der), die Staus	*atasco (el), los atascos*
mittags	*al mediodía*
abends	*por la(s) tarde(s), por la(s) noche(s)*
Schrecklich!	*¡Horroroso!*
Da sind wir.	*Hemos llegado.*
Und bitte eine Quittung.	*Y, por favor, un recibo.*
Quittung (die), die Quittungen	*recibo (el), los recibos*

! La palabra *Stadtautobahn* está compuesta *die Stadt* y *die Autobahn*. Hay muchas palabras compuestas en alemán.

! morgen**s** um acht = **immer** morgens um acht
heute Morgen = **nur** heute Morgen

3 *¿Quién lo ha dicho? ¿Frau Bruckner o el taxista?*

4 *Complete.*
Algunos nombres han desaparecido del texto. Elija la palabra correcta y complete el diálogo.

5 *¿Qué hora es?*

2|8 **6** *Ejercicio oral*
Usted tiene ahora prisa y toma un taxi. Escuche primero el ejemplo y hable después utilizando la palabra indicada. Al final le daremos la solución correcta.

2|9 **7** *Me gustaría ...*
Si quiere ir a un lugar determinado, tiene que utilizar la preposición nach.
Mire usted las fotos A usted le gustaría ir a estos sitios. Escriba lo que usted diría en cada caso. Practique después en voz alta. Escuche primero el ejemplo y dé usted mismo las respuestas.

El plural – Der Plural

En alemán existen 9 posibilidades de formar el plural. Aquí tiene usted una recopilación de todas ellas. Mire bien todas las formas que existen y aprenda siempre los nombres con su plural correspondiente. Cuidado: hay nombres que no tienen plural como, por ejemplo, *das Wetter* o *der Verkehr* o *der Norden, der Süden*.

Singular		Plural
das Zimmer		die Zimmer
der Tag	⊕ -e	die Tag**e**
die Stadt	umlaut ⊕ -e	die St**ä**dt**e**
der Hafen	umlaut	die H**ä**fen
das Kind	⊕ -er	die Kind**er**
das Land	umlaut ⊕ -er	die L**ä**nd**er**
das Auto	⊕ -s	die Auto**s**
die Frage	⊕ -n	die Frage**n**
die Bahn	⊕ -en	die Bahn**en**

El artículo determinado plural en nominativo y acusativo es siempre *die*.

!

Cuando se trate de un nombre tiene que aprender siempre dos cosas: el artículo singular y la forma del plural. Por ejemplo: *das Auto, die Autos*.

8 *Escuche ahora algunos nombres. Marque si van en singular o en plural.* 2|10

	1.	2.	3.	4.	5.	6.	7.	8.
Singular	☐	☐	☐	☐	☐	☐	☐	☐
Plural	☐	☐	☐	☐	☐	☐	☐	☐

9 *Complete con el singular o con el plural.*

Singular	Plural
	die Hobbys
die Adresse	
	die Kinder
das Hotel	
	die Namen
der Tag	
das Auto	
die Nummer	
	die Stunden
	die Länder
die Frage	

La hora (informal y oficial) – Die Uhrzeit (informell und offiziell)

informal

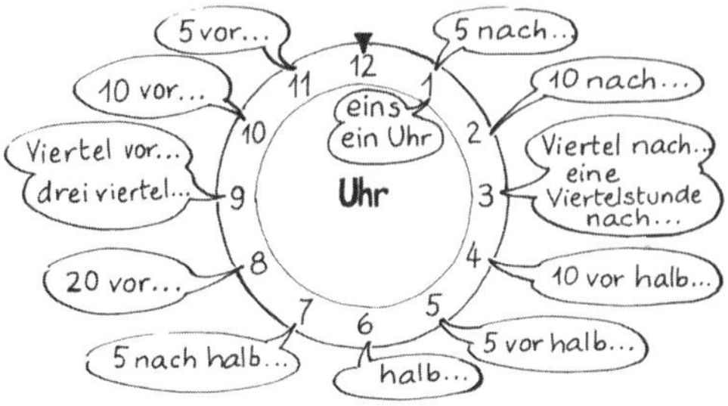

oficial

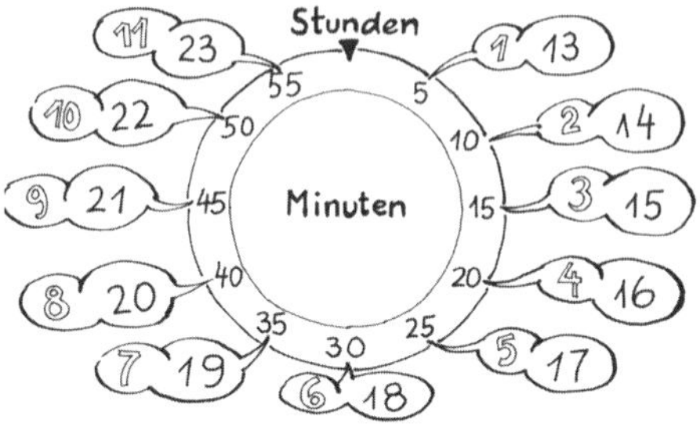

10 *Imagínese que escucha la hora exacta en la radio. Pásela a la forma habitual en el lenguaje hablado. Complete las oraciones.*

Ejemplo: Es ist jetzt neunzehn Uhr. → Es ist sieben.

Es ist jetzt elf Uhr dreißig. Es ist ________ ____________.

Es ist jetzt sechzehn Uhr fünfzehn. Es ist ________ nach ________.

Es ist jetzt zehn Uhr fünfundvierzig. Es ist ________ vor ________.

Es ist jetzt dreizehn Uhr. Es ist ______________________.

Es ist jetzt neun Uhr zehn. Es ist ________ nach ________.

Es ist jetzt neun Uhr vierzig. Es ist ________ vor ________.

11 *Repaso*

Preguntar por la hora

Wie spät ist es?	*¿Qué hora es?*
Es ist ... (3 Uhr).	*Son las ... (3).*
Ungefähr ... 3.	*Aproximadamente las ... 3.*
... (5) Minuten vor/nach ... 3.	*... las 3 menos/y (5) minutos.*
Viertel vor/nach ... (4).	*Las ... (4) menos/y cuarto.*
halb drei, halb vier	*las dos y media, las tres y media*

En el taxi

Sind Sie frei? Zum Flughafen bitte.	*¿Está libre? Por favor, al aeropuerto.*
Bitte in die ... (Potsdamer Straße Nummer 205).	*Por favor, a la calle ... (Potsdamer número 205).*
Bitte nach ... (Tegel/Siemensstadt).	*Por favor, a ... (Tegel/Siemensstadt).*
Ich habe es eilig/sehr eilig.	*Tengo prisa/mucha prisa.*
Ich habe einen Termin um ... (10 Uhr).	*Tengo una cita a las ... (10).*
Wie lange brauchen wir?	*¿Cuánto tiempo necesitamos?*
Bitte eine Quittung.	*Por favor, un recibo.*

Las vocales cortas y largas – Die kurzen und die langen Vokale

12 *Escuche y repita.*
Usted va a oír ahora palabras que tienen o una vocal corta o una larga. Marque lo que haya oído y repita después la palabra en voz alta. 2|11

	v**ie**l	l**i**nks	**a**bends	f**a**st	Probl**e**m	Kan**a**l	schr**e**cklich	m**o**rgens
lang	☐	☐	☐	☐	☐	☐	☐	☐
kurz	☐	☐	☐	☐	☐	☐	☐	☐

13 *Escuche y repita.* 2|12

Zum Flughafen bitte.
Bitte nach Siemensstadt.
Bitte eine Quittung.

Wie spät ist es?
Viertel vor drei
Ungefähr drei.

14 *Escuche y repita.*
Ahora vamos a practicar las vocales. Intente imitar lo más exactamente posible la pronunciación de la persona que habla. 2|13

eilig	Ich habe es eilig.
weit	Wie weit ist es?
ungefähr	Ungefähr vierzig Minuten.
später	Ich komme später.
heute Abend	Haben Sie heute Abend Zeit?

Información cultural (Libro de texto, página 44)

Esta página es especialmente interesante para aquellas personas que no viven en Europa y a las que les puede ser un poco más difícil calcular las distancias. Para el resto es un buen ejercicio en el que además puede aprender a expresar comparaciones:
... weiter als ...: Oslo ist von Frankfurt weiter als Warschau. (...más lejos que...: Oslo está más lejos de Francfort que Varsovia.)

¿A qué distancia está de Francfort?
10 países – 10 capitales
Escriba las capitales.
Complete.

Vocabulario

1. *Escriba la palabra que falta.*

1. Hallo, ____________ Sie frei?
2. Wohin ____________ Sie?
3. ____________ Siemensstadt.
4. Wie ____________ brauchen wir?
5. Nicht lange. Eine halbe ____________.
6. Wir sind da. – Bitte eine ____________.

2. *Marque la traducción correcta.*

1. Die Uhr geht falsch.
☐ El reloj adelanta.
☐ El reloj atrasa.
☐ El reloj va mal.

2. Die Uhr geht vor.
☐ El reloj va bien.
☐ El reloj adelanta.
☐ El reloj va mal.

3. Die Uhr geht nach.
☐ El reloj adelanta
☐ El reloj atrasa.
☐ El reloj va bien.

4. Ungefähr 20 Minuten.
☐ Aproximadamente 20 minutos.
☐ Después de 20 minutos.
☐ y 20 minutos.

5. Viertel nach drei
☐ Las tres menos cuarto.
☐ Las tres y cuarto.
☐ Las tres y cuatro.

6. Viertel vor sieben
☐ 7.40.
☐ Las siete y cuarto.
☐ Las siete menos cuarto.

Gramática

3. *Escriba la hora oficial.*

1. 10 nach 3 (nachmittags) Es ist ____________________.
2. 5 Minuten vor 5 (nachmittags) Es ist ____________________.
3. Viertel nach sechs (abends) Es ist ____________________.
4. Viertel vor 8 abends Es ist ____________________.
5. 7 nach halb 10 (vormittags) Es ist ____________________.
6. 5 vor 12 (mittags) Es ist ____________________.

4. *Escriba el plural.*

1. die Stadt ____________
2. das Taxi ____________
3. die Quittung ____________
4. der Termin ____________
5. das Büro ____________
6. die Anzeige ____________
7. das Haus ____________
8. die Nummer ____________

Controle sus respuestas en la clave al final del libro y cuente después cuántos puntos ha conseguido.

Total:		
	1 - 13	Antes de continuar creemos que es necesario que vuelva a repetir esta lección.
	14 - 22	Bastante bien, pero todavía se puede hacer mejor. Por favor, vuelva a repasar los diálogos y la gramática.
	23 - 26	Muy bien. Pase a la lección siguiente.

Die Firmenbesichtigung, Teil 1 – La visita a la empresa, 1ª parte

Antes del almuerzo está planeada una visita a los distintos departamentos de la empresa. Usted va a aprender a hacer una invitación y, además, va a poder echar un vistazo a la estructura de una empresa.

1 *Conteste usted y diga por qué.*
Como preparación haga, por favor, el ejercicio 1. Seguro que usted tiene sus preferencias al elegir un medio de transporte.
Quizás le gustaría explicar qué razones tiene. Para ello le hemos preparado algunas expresiones que le pueden ser útiles.

teuer – billig	*caro – barato*
schnell – langsam	*rápido – despacio*

2 Una invitación a cenar y un recorrido por la empresa

2|14

11A

→ *Escuche ahora todo lo que va viendo Frau Bruckner. Pero antes Herr Kühne le ha propuesto algo especial. Escuche el texto por lo menos dos veces.*
→ *Si no lo ha entendido todo, puede consultar el vocabulario en la siguiente lista de palabras.*

Es ist 11 Uhr.	*Son las 11.*
Mein Vorschlag …	*Mi propuesta …*
Vorschlag (der), die Vorschläge	*propuesta (la), las propuestas*
Wir machen jetzt eine Firmenbesichtigung	*Ahora vamos a hacer un recorrido por la empresa*
Firmenbesichtigung (die) (die Firma + die Besichtigung)	*recorrido (el), visita (la)*
und um zwölf gehen wir in die Kantine.	*y a las 12 vamos a la cafetería de la empresa.*
Eine Frage, …	*Una pergunta, …*
Haben Sie heute Abend Zeit?	*¿Tiene usted tiempo esta noche?*
Wir möchten Sie zum Essen einladen.	*Nos gustaría invitarla a comer [cenar].*
Essen (das)	*comida (la)*
einladen – du lädst ein, er / sie lädt ein, hat eingeladen	*invitar – invitas, invita, ha invitado*
Ist sieben Uhr in Ordnung?	*¿Le parece bien a las siete?*
in Ordnung	*de acuerdo*
Ordnung (die)	*orden (el)*
Geht auch halb acht?	*¿Podría ser también a las siete y media?*

Wann fliegen Sie zurück?	*¿Cuándo vuelve [vuela de vuelta] a casa?*
zurückfliegen – er / sie fliegt zurück, ist zurückgeflogen	*volar de vuelta* *– vuela de vuelta, ha volado de vuelta*
Das heißt, ich fahre mit dem Zug.	*En realidad voy en tren.*
das heißt	*en realidad, es decir*
mit dem Zug	*en tren*
Zug (der), die Züge	*tren (el), los trenes*
Das sind nur 6 einhalb Stunden.	*Sólo son 6 horas y media.*

2|15

11B

So, hier ist also der Vertrieb.	*Bueno, aquí está el departamento de ventas.*
Die Geschäftsleitung und das Sekretariat sind hier geradeaus.	*La dirección y la secretaría están por aquí todo seguido.*
Geschäftsleitung (die)	*dirección (la)*
Sekretariat (das)	*secretaría (la)*
geradeaus	*seguido, recto*
Wir nehmen jetzt den Aufzug.	*Vamos a tomar ahora el ascensor.*
Aufzug (der), die Aufzüge	*ascensor (el), los ascensores*
Keller (der), die Keller	*sótano (el), los sótanos*
Einen Moment …	*Un momento …*
Archiv (das), die Archive	*archivo (el), los archivos*

!

Y ahora un consejo para aprender vocabulario. Aprenda siempre sólo de 5 a 10 palabras, más tarde otra vez de 5 a 10 palabras. Marque las palabras que sean importantes para usted.

3 *Complete el texto. Faltan las expresiones temporales.*
Aquí han desaparecido todas las indicaciones temporales. Lea el texto y complételo con la expresión adecuada.

4 *¿Qué respuesta es correcta? Márquela usted.*
Seguro que todavía se acuerda de todo lo que han hablado. Ahora le vamos a formular algunas preguntas.

5 *Responda con* Nein.

6 *¿Qué palabra no pega? Márquela. Estos verbos van con acusativo. Subraye la forma del acusativo de las palabras que no se pueden utilizar en estos contextos.*

2|16 **7** *Practique el diálogo como en el ejemplo. Escúchelo después.*

8 *Anotaciones de Chris Bruckner*

El acusativo – Der Akkusativ

		masculino	femenino	neutro
pronombre personal		er	sie	es
artículo determinado	*nom.*	der Balkon	die Wohnung	das Bad
artículo indeterminado		ein Balkon	eine Wohnung	ein Bad
artículo negativo		**k**ein Balkon	**k**eine Wohnung	**k**ein Bad
artículo determinado	*ac.*	d**en** Balkon	die Wohnung	das Bad
artículo indeterminado		ein**en** Balkon	eine Wohnung	ein Bad
artículo negativo		**keinen** Balkon	**k**eine Wohnung	**k**ein Bad

Nominativo y acusativo

sein va seguido del nominativo: *Das ist eine Dachwohnung. Die Wohnung ist schön.*
La mayoría de los verbos rige acusativo: *Wir möchten einen Balkon.*
Sólo el acusativo masculino singular tiene una forma diferente al nominativo: *Ich möchte keinen Tee.*

Artículo determinado e indeterminado

- Cuando se cuenta algo, se utiliza al principio el artículo indeterminado:
  *Das ist **eine** Dachwohnung.*
- Después se continúa con el artículo determinado porque la cosa ahora es conocida:
  ***Die** Wohnung finde ich schön.*

Artículo negativo

- *kein-* es la forma negativa de ein- y significa "ningún":
  *Wir haben **keinen** Balkon.*
- *ein-* y *kein-* siempre van delante del nombre.

9 *Complete las oraciones con* den, die, das *y* der, die, das.

Nehmen Sie ________ Bus? – Nein, ________ Bus ist schon weg.
Nehmen Sie ________ Bahn? – Nein, ________ Bahn ist schon weg.
Nehmen Sie ________ Zug? – Nein, ________ Zug ist schon weg.
Nehmen Sie ________ Flugzeug? – Nein, ________ Flugzeug ist schon weg.
Nehmen Sie ________ Auto? – Nein, ________ Auto ist kaputt.

10 *Ponga el artículo que crea conveniente.*

Wir haben ________ Kantine. – Aber ______ Kantine ist nicht gut.
Gibt es hier ________ Aufzug? – Ja, ________ Aufzug ist da geradeaus.
Machen wir ________ Pause? – Ja, ________ Pause ist um zwölf.
Haben Sie schon ________ Hotel? – Ja, ________ Hotel liegt direkt im Zentrum.
Wir haben ________ Dachwohnung. – ___________ Wohnung ist sehr gemütlich.

11 *Rellene los espacios en blanco con el acusativo de las palabras entre paréntesis.*

Wir haben ________ ____________ (ein Termin).

Wir nehmen ________ ____________ und ________ ____________. (der Bus, die Bahn)

Möchten Sie ________ ____________? (ein Kaffee)

Kennen Sie ________ ____________? (der Hafen)

Wir möchten ________ ____________ (der Reichstag) besichtigen.

Wir möchten ________ ____________ (ein Ausflug) machen.

12 *Complete las oraciones con* kein- *o* ein-.

Ist das Tee?	– Nein, das ist ______ Tee, das ist Kaffee.
Ist das eine Pension?	– Nein, das ist ______ Pension, das ist ______ Hotel.
Ist das eine Telefonnummer?	– Nein, das ist ______ Telefonnummer, das ist ______ Passwort.
Ist das ein Vorname?	– Nein, das ist ______ Vorname, das ist ______ Nachname.
Ist Australien ein Land?	– Nein, Australien ist ______ Land, es ist ______ Erdteil.
Ist das eine Vorwahlnummer?	– Nein, das ist ______ Vorwahlnummer, das ist ______ Postleitzahl.

13 kein- + *nombre o* nicht + *verbo – Niegue las siguientes oraciones.*

Ich habe ein Auto.	Ich habe ________ Auto.
Ich fliege.	Ich fliege ________.
Ich fliege gern.	Ich fliege ________ ________.
Ich fahre mit dem Auto.	Ich fahre ________ mit dem Auto.
Ich habe Zeit.	Ich habe ________ Zeit.
Ich komme.	Ich komme ______.
Ich habe eine Frage.	Ich habe ________ Frage.

14 *Repaso*

Invitar a alguien

Haben Sie … (heute Abend / morgen / …) Zeit?	*¿Tiene usted … (esta noche / mañana / …) tiempo?*
Wir möchten Sie zum Essen einladen.	*Nos gustaría invitarla a comer.*
Gerne. Vielen Dank.	*Encantada. Muchas gracias.*
Ist … (sieben Uhr) in Ordnung?	*¿Le parece bien a las … (siete)?*
– Ja natürlich. / Geht auch halb acht?	*– Sí, naturalmente. / ¿Podría ser también a las siete y media?*

La acentuación

15 *Marque con una cruz las palabras adecuadas y repítalas después.* 2|17
En alemán muchas palabras llevan el acento en la primera sílaba. Escuche con atención y marque con una cruz la sílaba tónica. Por último vuelva a escucharlas y repítalas en voz alta.

1ª	2ª	sílaba	1ª	2ª	sílaba	1ª	2ª	sílaba	1ª	2ª	sílaba
☐	☐	Straße	☐	☐	morgens	☐	☐	Geschäft	☐	☐	München
☐	☐	Verkehr	☐	☐	Reise	☐	☐	Besuch	☐	☐	Norden
☐	☐	Quittung	☐	☐	machen	☐	☐	Zimmer	☐	☐	gestern
☐	☐	Nummer	☐	☐	Beruf	☐	☐	Mittag	☐	☐	Frage
☐	☐	Termin	☐	☐	Handy	☐	☐	Berlin	☐	☐	Vorschlag

16 *Marque con una cruz las palabras adecuadas y repítalas después.* 2|18
Ahora se trata de palabras de tres sílabas. Escuche con atención y marque con una cruz la sílaba tónica. Por último vuelva a escucharlas y vaya repitiéndolas en voz alta.

1ª	2ª	3ª	sílaba	1ª	2ª	3ª	sílaba
☐	☐	☐	Stadtrundfahrt	☐	☐	☐	Fahrkarte
☐	☐	☐	Anzeige	☐	☐	☐	sympathisch
☐	☐	☐	Telefon	☐	☐	☐	Kantine
☐	☐	☐	arbeiten	☐	☐	☐	Geburtsort
☐	☐	☐	Adresse	☐	☐	☐	Grammatik

17 *Un ejercicio para expertos. Marque con una cruz las palabras adecuadas y repítalas después.* 2|19
No se preocupe si el acento es para usted totalmente nuevo. Se convertirá en algo normal para usted a medida que vaya escuchando y leyendo cada vez más textos alemanes. Escuche atentamente y marque la sílaba acentuada.

1ª	2ª	3ª	4ª	sílaba	1ª	2ª	3ª	4ª	sílaba
☐	☐	☐	☐	buchstabieren	☐	☐	☐	☐	besichtigen
☐	☐	☐	☐	interessant	☐	☐	☐	☐	geradeaus
☐	☐	☐	☐	Informatik	☐	☐	☐	☐	Entschuldigung
☐	☐	☐	☐	Information					

Información cultural (Libro de texto, página 48)

Le espera una sorpresa. Empiece donde pone START y busque el camino que lo lleve a la meta. Con las letras se pueden construir dos oraciones. ¿Cuáles?
¡Que se divierta!

Weg (der) *camino (el)*
Ziel (das) *meta (la)*

Vocabulario

1. *Marque la traducción correcta.*

1. die Einladung
- ☐ recorrido
- ☐ invitación
- ☐ propuesta

2. mit dem Zug
- ☐ en avión
- ☐ por la autopista
- ☐ en tren

3. Das macht Spaß.
- ☐ Es horroroso.
- ☐ Es divertido.
- ☐ No hay sitio aquí.

4. zum Essen einladen
- ☐ tener una cita
- ☐ llegar tarde
- ☐ invitar a alguien a comer

5. heute Abend
- ☐ esta noche
- ☐ de noche
- ☐ por las noches

6. der Vorschlag
- ☐ agua
- ☐ comida
- ☐ propuesta

2. *Escriba el verbo que falta.*

1. Zeit ______________
2. zum Essen __________
3. ein Taxi ____________
4. mit dem Zug ________
5. zu Fuß ______________
6. einen Termin _________

Gramática

3. ¿ein- *o* kein-? – *Complete las oraciones.*

1. Gibt es hier _________ Telefon? – Nein, hier gibt es _________ Telefon.
2. Gibt es hier _________ Aufzug? – Nein, hier gibt es _________ Aufzug.
3. Gibt es hier _________ Kantine? – Nein, hier gibt es _________ Kantine.
4. Gibt es hier _________ Vertrieb? – Nein, hier gibt es _________ Vertrieb.
5. Gibt er hier _________ Firmenbesichtigung? – Nein, hier gibt es _________ Firmenbesichtigung.
6. Gibt es hier _________ Chef? – Nein, hier gibt es _________ Chef.

4. *En todas las oraciones falta el acusativo. Escríbalo, por favor.*

1. der Hafen – Wir besichtigen heute _______ ____________.
2. der Bus – Wir nehmen _________ ____________.
3. der Stau – Siehst du _________ ____________?
4. der Zug – Wir nehmen _________ ____________ um achtzehn Uhr.
5. der Aufzug – Nehmen Sie _________ ____________?
6. die Kantine – Gehen wir in _________ ____________?
7. der Raum – Wir haben _________ ____________ Nummer 3.
8. die Arbeit – Wer macht _________ ____________?

Controle sus respuestas en la clave al final del libro y cuente después cuántos puntos ha conseguido.

Total:		
	1 - 13	No estaría mal si volviera a repetir esta lección.
	14 - 22	Bastante bien, pero no estaría de más si volviera a mirar los diálogos y la gramática.
	23 - 26	¡Estupendo! Si le apetece, puede repetir otra vez el vocabulario, si no, pase simplemente a la lección siguiente.

Die Firmenbesichtigung, Teil 2 – La visita a la empresa, 2ª parte

1 *¿Qué ve usted? Relacione cada palabra con una fotografía. Durante el recorrido por la empresa se mencionan los nombres de los distintos departamentos. Algunas de estas palabras proceden del inglés.*
No necesita aprender aquellas palabras que para usted no tengan ningún interés.

die Buchhaltung	*(el departamento de) contabilidad*
das Controlling	*(el departamento de) controlling*
die IT-Abteilung	*el departamento de tecnología de la información*
die Redaktion, die Redaktionen	*la redacción, las redacciones*
die Herstellung / Produktion	*(el departamento de) producción*
die Marketing-Abteilung	*el departamento de marketing, mercadotecnia*
der Vertrieb	*(el departamento de) ventas*
der Versand	*sección de expedición*
das Lager	*el almacén*

2 A la izquierda, a la derecha, todo seguido

2|20

12A

→ *Síganos ahora a través de las habitaciones y departamentos de la planta baja. Al final nos encontraremos en la cafetería de la empresa. Escuche primero el diálogo.*
→ *Si no lo ha entendido todo, puede mirar en la lista de vocabulario.*

Wir sind jetzt im Erdgeschoss.	*Ahora estamos en la planta baja.*
Erdgeschoss (das)	*planta baja (la)*
Hier links ist das Informationszentrum.	*Aquí a la izquierda está el centro de información.*
links – rechts – geradeaus	*a la izquierda – a la derecha – todo seguido*
Informationszentrum (das), die Informationszentren (die Information + das Zentrum)	*centro (el) de información, los centros de información*
Konferenzraum (der), die Konferenzräume (die Konferenz + der Raum)	*sala (la) de conferencias, las salas de conferencias*
Da macht die Arbeit Spaß.	*Aquí resulta divertido el trabajo.*
Den Empfang und die Redaktionen haben Sie schon gesehen.	*La recepción y las redacciones ya las ha visto usted.*
gegenüber	*enfrente*
Ich verstehe.	*Entiendo.*
verstehen – er / sie versteht, hat verstanden	*entender – entiende, ha entendido*
besichtigen – er / sie besichtigt, hat besichtigt	*visitar – visita, ha visitado*
Das ist eine Viertelstunde zu Fuß.	*Es un cuarto de hora andando.*
glauben –er / sie glaubt, hat geglaubt	*creer – cree, ha creído*
Raum (der), die Räume	*habitación (la), las habitaciones*

12B

A la entrada de la cafetería hay un cartel. Lea lo que pone en él. Si no lo entiende todo, puede consultar la lista de vocabulario.

Selbstbedienung (die)	*autoservicio (el)*
Geöffnet von ... bis	*abierto desde ... hasta*
Gäste-Casino (das)	*comedor de invitados*
Gast (der), die Gäste	*invitado (el), los invitados*
Anmeldung (die)	*inscripción (la), recepción (la)*
Kantinenleitung (die) (die Kantine + die Leitung)	*dirección (la) de la cafetería, del comedor*

2|21 *Escuche ahora el texto. Léalo después en voz alta.*

2|22 **3** *¿Cómo es el orden?*
Escuche en qué orden han sido visitados los departamentos. Anote el orden de B a F.
El Informationszentrum *(A) ya lo hemos hecho por usted.*

4 *Ésta es la empresa Europartner. Lea el texto y marque el recorrido en el plano.*
La meta es la cafetería. Si elige la ruta correcta, puede llegar rápidamente allí y disfrutar de su almuerzo.

5 *Frau Bruckner le cuenta a Herrn Kühne lo que ha visto. Escriba la forma correcta.*

6 *Diga a qué tienda corresponde cada letrero.*
En Alemania están regulados los horarios de apertura de los comercios y de los edificios públicos. El proceso para conseguir una mayor flexibilidad es lento. Por los horarios de apertura puede usted saber bastante bien dónde se encuentra. Lea los letreros y relaciónelos con los dibujos. Aquí tiene usted algún vocabulario por si no lo entiende todo:

Montag	*lunes*
Dienstag	*martes*
Mittwoch	*miércoles*
Donnerstag	*jueves*

Freitag	*viernes*
Sonnabend / Samstag	*sábado*
Sonntag	*domingo*

Sprechstunde (die)	*hora (la) de consulta*
(Montag) geschlossen ... bis ...	*(los lunes) cerrado ... hasta ...*
geöffnet / geschlossen (von ... bis ...)	*abierto / cerrado (desde ... hasta ...)*

2|23 **7** *Ejercicio oral. ¿Qué le gustaría ver? Escuche primero el ejemplo y responda usted después.*

8 *Escriba.*
En este calendario faltan informaciones importantes. Escriba en él los días de la semana.

El orden de la oración I – Satzstellung I

I	II		I	II		
Wir	**arbeiten**	bis 11.	Dann	**machen**	wir	Pause.
Wir	**machen**	Pause.	Um zwölf	**gehen**	wir	in die Kantine.
Wir	**gehen**	in die Kantine.	Geradeaus	**ist**		die Kantine.

- En alemán las oraciones comienzan con frecuencia con un adverbio de tiempo o de lugar. A menudo también aparece alguna palabra que la relaciona con la oración anterior (por ejemplo, *Dann* ...) En cualquier caso el verbo siempre conserva su posición en segundo lugar dentro de la frase; el nombre o pronombre va entonces detrás de él.
- Preguntas con interrogativos: El verbo está siempre en la segunda posición. Preguntas sin interrogativos: El verbo está en la primera posición.
  *Wann **gehen** wir in die Kantine?*
  ***Gehen** wir in die Kantine?*

9 *¿Cómo es la oración? Aquí lo importante es el orden de la oración. Nosotros preguntamos y usted responde. Escriba sus respuestas.*

- Was machen wir um 10 Uhr? ► [Wir] [bis 11 Uhr] [arbeiten]

- Und dann? ► [eine Pause] [wir] [Dann] [machen]

- Und was machen wir dann? ► [machen] [Um 11 Uhr 15] [wir] [eine Firmenbesichtigung]

- Wie lange machen wir die Firmenbesichtigung? ► [die Firmenbesichtigung] [bis 12] [dauert]

- Was machen wir um 12? ► [in die Kantine] [wir] [Um 12] [gehen]

- Wie lange essen wir? ► [Wir] [essen] [bis eins]

- Und dann? ► [wir] [Dann] [arbeiten] [bis 3]

- Was machen wir um 3? ► [machen] [Um 3] [wir] [eine Stadtrundfahrt]

- Wann sind wir zurück? ► [im Hotel] [zurück] [wir] [sind] [Um 7]

10 *¿Cómo es la oración?*

jetzt	Wir machen eine Firmenbesichtigung. Jetzt machen	______________
um 12 Uhr	Ich komme in die Kantine.	______________
heute Abend	Ich habe Zeit.	______________
morgen	Ich fahre zurück nach München.	______________
vielleicht	Ich nehme den Zug.	______________
dann	Ich rufe an.	______________

2|24

11 *Das* Krankenzimmer – *La habitación para enfermos*
Lea primero el diálogo. Escuche después las palabras.

der Kopf	*cabeza*
das Haar	*pelo*
das Auge, die Augen	*ojo*
der Mund	*boca*
der Zahn, die Zähne	*diente*
der Hals	*cuello, garganta*
die Hand, die Hände	*mano*
der Arm, die Arme	*brazo*
der Bauch	*barriga*
das Bein, die Beine	*pierna*

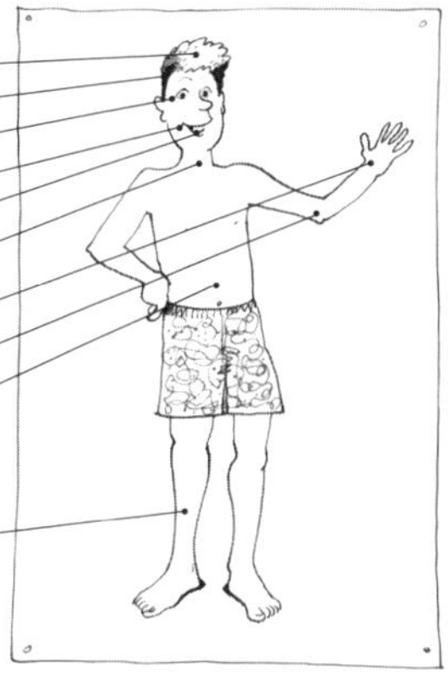

Frau Bruckner:	Was haben Sie hier?
Herr Heinrich:	Das ist das Krankenzimmer. Deshalb das Plakat.
Frau Bruckner:	Ah ja. Haben Sie einen Notarzt im Haus?
Herr Heinrich:	Nein, nein, den rufen wir. Tut Ihnen was weh? Ich hoffe nicht.
Frau Bruckner:	Nein, zum Glück, ich bin ganz gesund.

12 *Repaso y ampliación*

La habitación para enfermos

krank – gesund	*enfermo – sano*
Krankheit (die)	*enfermedad (la)*
Gesundheit (die)	*salud (la)*
wehtun	*doler*
Notarzt (der), die Notärzte	*médico (el) de urgencia, los médicos de urgencia*
Schmerzen (die Plural)	*dolor*
Zahnschmerzen (die Plural) (der Zahn + die Schmerzen)	*dolor de muela*

13 *¿Qué sílaba está acentuada? Escuche atentamente y márquela.* 2|25

1	2	3	4	5	6
Emp	fang				
Re	dak	tion			
Erd	ge	schoss			
ge	ra	de	aus		
ge	gen	ü	ber		
Kon	fe	renz	räu	me	
In	for	ma	tions	zen	trum
Fir	men	be	sich	ti	gung

Información cultural (Libro de texto, página 52)
¿Qué hago aquí? ¿Qué digo? – Algunos pequeños consejos.

Hola y adiós
En Alemania es normal dar la mano para saludar y también para despedirse. Los amigos y los compañeros de trabajo sólo se saludan así en situaciones especiales como, por ejemplo, un cumpleaños o el aniversario de la empresa.
Cuando hay mucha confianza la gente se da un abrazo para saludarse y para despedirse.

„Mahlzeit"
Al mediodía se oye con mucha frecuencia en las empresas *Mahlzeit*. La gente dice *Mahlzeit* y también responde con *Mahlzeit*. Después se van a comer a la cafetería o al comedor de la empresa. En un restaurante o en casa nunca se dice *Mahlzeit*.

¿Llegar tarde?
Ser puntual cuando se está citado es una cuestión de educación. Quien va a llegar tarde llama normalmente por teléfono para decirlo: *Ich komme leider eine halbe Stunde später* o se disculpa cuando llega: *Tut mir leid, dass ich zu spät komme.*

Vocabulario

1. *¿De qué palabra se trata?*

1. fe | renz | kon | raum   2. ti | kan | ne   3. dung | la | ein

4. ger | la   5. trum | zen | tions | infor | ma   6. dak | re | tion

2. *Escriba correctamente las siguientes frases.*

1. hieristkeinplatz ____________
2. ichglaubenicht ____________
3. dageradeaus ____________
4. dasmachtspaß ____________
5. ichverstehe ____________

Gramática

3. *Escriba las siguientes oraciones con los nuevos comienzos.*

1. Wir besichtigen den Hafen. - Heute ____________
2. Wir nehmen den Bus. - Um eins ____________
3. Wir haben Raum 3. - Morgen ____________
4. Das Casino ist geöffnet. - Bis 18 Uhr ____________
5. Wir besichtigen die Firma. - Am Vormittag ____________
6. Ich fahre wieder zurück. - Mittwoch ____________

4. *Escriba los verbos que tienen formas irregulares en el singular.*

	sehen	du siehst	er / sie sieht
1.			
2.			
3.			
4.			
5.			

glauben, verstehen, mögen, besichtigen, geben, fliegen, fahren, nehmen, schlafen, wohnen, möchten

Comprensión auditiva

2|26

5. *Escuche primero el diálogo entre el taxista y el turista. Responda a continuación.*

1. Wo ist der Tourist? In _ _ _ _ _ _ .
2. Wie viel kostet die Fahrt? Circa _ _ _ _ _ _ _ Euro.
3. Wohin möchte er? Ins _ _ _ _ _ _ _ .
4. Wie fährt er? Mit der _ _ _ _ _ _ .
5. Hat er einen Stadtplan? _ _ , natürlich.

Controle sus respuestas en la clave al final del libro y cuente después cuántos puntos ha conseguido.

Total:		
	1 - 14	¡Ay!, esto no está todavía bien del todo. Vuelva a repetir esta lección rápidamente.
	15 - 23	Bastante bien, pero no estaría mal si volviera a repasar la gramática y el vocabulario.
	24 - 27	¡Excelente! Ya puede comenzar con la lección 13.

Das Frühstück – El desayuno

En esta lección va a aprender algo típico: cómo desayunan los alemanes. Claudia va a hablarnos de su familia mientras desayuna. En esta conversación van a aparecer los posesivos *mein* y *dein*.

1 *Relaciona las palabras con los objetos. Escuche cómo se pronuncian los objetos que están encima de la mesa del desayuno y repítalos después.* 2|27

Brötchen (das), die Brötchen	panecillo
Butter (die)	mantequilla
Brot (das), die Brote	pan
Ei (das), die Eier	huevo
Teller (der), die Teller	plato
Tasse (die), die Tassen	taza

Marmelade (die)	mermelada
Messer (das), die Messer	cuchillo
Löffel (der), die Löffel	cuchara
Gabel (die), die Gabeln	tenedor
Käse (der)	queso
Obst (das)	fruta
Serviette (die), die Servietten	servilleta

2 El desayuno está listo 2|28

Robert tiene suerte. No tiene que ir ni al trabajo ni a la universidad. Se ha levantado tarde y ha ido a la cocina. Allí Claudia ya ha puesto la mesa para el desayuno.
Escuche ahora cómo Claudia saluda a Robert y qué hay de desayuno. Escuche el texto por lo menos dos veces. Aquí también tiene usted el vocabulario.

Hast du gut geschlafen?	*¿Has dormido bien?*
schlafen – du schläfst, er / sie schläft, hat geschlafen	*dormir – duermes, duerme, ha dormido*
Niki ist schon weg.	*Niki ya se ha ido.*
weg sein – er / sie ist weg	*irse – se va*
Es gibt gleich Frühstück.	*El desayuno está en seguida listo.*
gleich	*en seguida*
Keinen Tee. (= Ich möchte keinen Tee.)	*Ningún té. (= No quiero té.)*
Ich mag lieber Kaffee.	*Prefiero café.*
mögen – er / sie mag, hat gemocht	*gustar – le gusta, le ha gustado*
lieber mögen	*preferir*
Und dann ein Brötchen mit Butter und Marmelade.	*Y un panecillo con mantequilla y mermelada.*
Eier sind auch da.	*También hay huevos.*
Sag mal, Claudia, deine Eltern, wo wohnen die eigentlich?	*Dime, Claudia, tus padres ¿dónde viven?*
Eltern (die Plural)	*padres*
eigentlich	*en realidad*
Ganz in der Nähe.	*Muy cerca.*
Übrigens, meine Schwester ist da.	*Por cierto, mi hermana está allí.*

mein, meine	*mi*
Schwester (die), die Schwestern	*hermana (la), las hermanas*
Sie ist gestern aus Sydney gekommen.	*Volvió ayer de Sydney.*
gestern	*ayer*
Sie hat dort ein paar Monate gearbeitet.	*Ha trabajado algunos meses allí.*
Regisseurin (die) – Regisseur (der)	*directora (la) (de cine/teatro), las directoras*
Mein Bruder Ralf geht noch zur Schule.	*Mi hermano Ralf todavía va al colegio.*
Bruder (der), die Brüder	*hermano (el), los hermanos*
zur Schule gehen	*ir al colegio*
Schule (die), die Schulen	*colegio (el), los colegios*
Er wohnt natürlich zu Hause.	*Naturalmente vive en casa de mis padres.*
Wir besuchen heute meine Eltern.	*Hoy vamos a visitar a mis padres.*
besuchen – er/sie besucht, hat besucht	*visitar – visita, ha visitado*
Was meinst du?	*¿Qué te parece?*
meinen – er/sie meint, hat gemeint	*creer, parecer – cree, ha creído*
dann lerne ich endlich deine Geschwister kennen.	*entonces voy a conocer por fin a tus hermanos.*
kennen lernen – er/sie lernt kennen, hat kennen gelernt	*conocer – conoce, ha conocido*
Geschwister (die Plural)	*hermanos*

3 *Complete usted.*
Todas estas preguntas y respuestas las puede necesitar durante el desayuno. Complételas.

4 *Reconstruya el texto escribiendo las palabras que faltan.*
Y no olvide que el significado es lo que decide, no sólo la forma.

! Las cantidades indeterminadas no llevan artículo: *Ich möchte Brot mit Butter und Marmelade.* El artículo va delante de una cantidad determinada o de la negación: *Ich möchte ein Brötchen, kein Brot.*

5 *Complete usted. Ahora se trata del verbo modal* mögen. *La forma* möchten *se utiliza para preguntar o responder educadamente.*

6 *Por favor, complete. Usted va a practicar aquí el nominativo de* mein *y* dein.

2|29

7 *Ejercicio oral*
Decida ahora qué le gustaría comer. Escuche las preguntas. Lea después las palabras que le damos y responda. Las fotografías le ayudarán a la hora de responder.

8 *El diario de Robert – Aquí faltan algunas palabras importantes.*

Verbos – Verben: mögen

		mögen
Singular	ich	**mag**
	du	**magst**
	er / sie	**mag**
Plural	wir	mögen
	ihr	mögt
	sie / Sie	mögen

mögen:
Las formas del singular no son regulares: *mag, magst, mag.*
Fíjese en la diferencia entre *ich mag* (Me gusta) and *ich möchte* (Me gustaría):
Möchten Sie Kaffee?
Nein danke, ich möchte lieber Tee. (= Bitte einen Tee.)
Ich mag keinen Kaffee. (= Ich trinke keinen Kaffee.)

Ralf mag Katrin. Aber Katrin mag Guido.

9 *¿Qué palabras no pegan? Táchelas.*

Ich mag ...

Test | keinen Tee | Müsli | Ei | das Brot | Dachwohnung | Eltern | Christine | Wort | meinen Beruf | Sydney | Australien | Berlin | die Übungen | deinen Bruder | Sprache

El artículo *kein*; los posesivos *mein / dein* – Artikel *kein*; Possessivartikel *mein / dein*

		masculino		femenino		neutro	
pronombre personal	nom. sing.	**er**		**sie**		**es**	
art. indeterminado		ein	Bruder	ein**e**	Schwester	ein	Haus
art. negativo		kein		kein**e**		kein	
posesivo		mein		mein**e**		mein	
		dein		dein**e**		dein	
art. indeterminado	ac. sing.	ein**en**	Bruder	ein**e**	Schwester	ein	Haus
art. negativo		kein**en**	Bruder	kein**e**	Schwester	kein	Haus
posesivo		mein**en**	Bruder	mein**e**	Schwester	mein	Haus
		dein**en**		dein**e**		dein	

Los posesivos *mein-* y *dein-* tienen las mismas terminaciones que *kein-*.

10 *Complete*
Se puede negar algo con nicht o kein-. kein- *siempre va delante de un nombre.*

Haben Sie ein Auto? – Nein, ich habe ____________ Auto.
Haben Sie eine Uhr? – Nein, ich habe ____________ Uhr.
Haben Sie Geschwister? – Nein, ich habe ____________ Geschwister.
Haben Sie Zeit? – Nein, ich habe ____________ Zeit.
Haben Sie Semesterferien? – Nein, ich habe ____________ Semesterferien.
Haben Sie Hunger? – Nein, ich habe ____________ Hunger.

11 mein *y* dein. *Complete usted.*

Markus, ist das ____________ Fahrkarte?
Nina, ist das ____________ Handy?
Klaus, ist das ____________ Kaffee?
Ralf, ist das ____________ Frühstück?
Das ist ____________ Bruder. – Kennst du ____________ Bruder?
Das ist ____________ Schwester. – Kennst du ____________ Schwester?

12 *Complete usted.*
Aquí hay una persona que no es muy amable y que dice claramente qué es suyo. ¡Cuidado con la última oración!

Das ist nicht ____________ Frühstück, das ist ____________ Frühstück.
Das ist nicht ____________ Schwester, das ist ____________ Schwester.
Das ist nicht ____________ Fahrkarte, das ist ____________ Fahrkarte.
Das ist nicht ____________ Auto, das ist ____________ Auto.
Das ist nicht ____________ Uhr, das ist ____________ Uhr.
Das ist nicht ____________ Problem, das ist ____________ Problem.

13 *Ordene las siguientes oraciones para que el texto tenga sentido.*

Niki heißt Bat mit Familiennamen.
Aber er möchte die Sprache gern lernen.
Die Eltern sind 1960 nach Deutschland gekommen. Jetzt haben sie ein chinesisches Restaurant.
Das ist das Restaurant in der Hafenstraße. Das Essen dort ist sehr gut, sagt man.
Er wohnt und arbeitet in Berlin und ist auch hier geboren. Deshalb ist nur der Familienname Chinesisch, nicht der Vorname. Er spricht auch kein Chinesisch.

14 *Repaso*

Gustar y disgustar

(Kaffee/...) mag ich nicht.	*(el café/...) no me gusta.*
Ich mag keine/-n ... (Milch/Kaffee ...).	*No me gusta ... (la leche/el café ...).*
Ich trinke ... (keinen Kaffee).	*No bebo ... (café).*
Ich mag lieber ... (Tee/...).	*Prefiero ... (té/...).*
Ich esse ... (keinen Salat).	*No como ... (ensalada).*
Ich mag ... (Birgit/...) sehr.	*Me gusta mucho ... (Birgit/...).*
Ich mag ... (Lisa/...) nicht so sehr.	*No me gusta mucho ... (Lisa/...).*
Ich finde ... (Claudia/Robert/Frau Klein) sympathisch/nicht so sympathisch.	*(Claudia/Robert/Frau Klein) ... me parece/ no me parece simpático/-a*

a y ä

ä es la metafonía de *a*. *ä* aparece en las formas *du* y *er/sie* de algunos verbos *(fahren – du fährst, er/sie fährt; einladen – du lädst ein, er/sie lädt ein)* y también en el plural de algunos sustantivos *(Vater – Väter)*.

15 *Escuche y repita. Intente imitar lo mejor que pueda la pronunciación de la persona que habla.* 2|30

fahren	–	Claudia fährt.	der Hafen	–	die Häfen
schlafen	–	Robert schläft schon.	der Kanal	–	die Kanäle
das Bad	–	zwei Bäder	das Land	–	die Länder
mein Vater	–	die Väter	der Vorschlag	–	die Vorschläge

u y ü

De la *u* existe la metafonía *ü*. La *ü* puede ser larga o corta. Ahora vamos a practicarlo.

16 *Escuche y repita.* 2|31
Intente imitar lo mejor que pueda la pronunciación de la persona que habla.

Mutter und Mütter	viel früher
Bruder und Brüder	übrigens
das Frühstück	er fliegt zurück
vier Brüder	eine Viertelstunde früher
viel Glück	Das ist gemütlich.

Información cultural – Sopa de letras (Libro de texto, página 56)

Si no conoce alguna palabra, mírela en el vocabulario.
Busque las palabras. Se trata de siete campos semánticos distintos. Escriba también el artículo que le corresponda a cada palabra.

der Vater (= Papa), die Väter	der Cousin, die Cousins
die Mutter (= Mama), die Mütter	die Cousine, die Cousinen
der Mann, die Männer	der Onkel, die Onkel
die Frau, die Frauen	die Tante, die Tanten
das Kind, die Kinder	der Enkel, die Enkel
das Baby, die Babys	die Enkelin, die Enkelinnen
die Eltern (Plural)	der Schwiegersohn, die Schwiegersöhne
der Sohn, die Söhne	die Schwiegertochter, die Schwiegertöchter
die Tochter, die Töchter	der Schwiegervater, die Schwiegerväter
der Bruder, die Brüder	die Schwiegermutter, die Schwiegermütter
die Schwester, die Schwestern	
der Großvater (= Opa), die Großväter	
die Großmutter (= Oma), die Großmütter	

Vocabulario

1. *Aquí hay algunas expresiones que usted puede utilizar con frecuencia. Indique cuál sería su traducción correcta al español.*

1. Christian ist schon weg.
- ☐ Christian ya ha llegado.
- ☐ Christian está ahora aquí.
- ☐ Christian ya se ha ido.

2. Sag mal ... hast du Hunger?
- ☐ Dime, ... ¿tienes hambre?
- ☐ Dime, ... ¿qué es hambre?
- ☐ Ven, ... ¿tienes hambre?

3. Jan geht noch zur Schule.
- ☐ Jan está ahora en el colegio.
- ☐ Jan no va al colegio.
- ☐ Jan todavía va al colegio.

4. Was meinst du?
- ☐ ¿Qué piensa ella?
- ☐ ¿Qué te parece?
- ☐ ¿Fue correcto?

5. Übrigens ...
- ☐ Además ...
- ☐ Por cierto ...
- ☐ Arriba ...

6. Wirklich?
- ☐ ¿Estás listo?
- ☐ ¿De verdad?
- ☐ ¿Por qué?

2. *Escriba la palabra adecuada.*

1. Mutter und ________________
2. Bruder und ________________
3. Oma und ________________
4. Tochter und ________________
5. Onkel und ________________
6. Schwiegervater und ________________
7. Mann und ________________

Gramática

3. *Aquí hay algunos problemas con qué le corresponde a quién. Escriba la forma adecuada del posesivo que falta.*

1. Das ist mein Handy, nicht ________________ Handy.
2. Das ist mein Auto, nicht ________________ Auto.
3. Das ist mein Problem, nicht ________________ Problem.
4. Das ist mein Lieblingsessen, nicht __________ Lieblingsessen.
5. Das ist meine Wohnung, nicht ______________ Wohnung.
6. Das sind meine Geschwister, nicht __________ Geschwister.

4. *Complete con* mögen *o* möchten.

1. __________ du Brot oder Brötchen?
2. Ich __________ lieber Brötchen.
3. Ich __________ keinen Tee.
4. __________ du Kaffee? – Ja, gern.
5. __________ du deine Schwester Kerstin?
6. Ich __________ Kerstin sehr.

Controle sus respuestas en la clave al final del libro y cuente después cuántos puntos ha conseguido.

Total:		
	1 - 13	Antes de continuar creemos que es necesario que vuelva a repetir esta lección.
	14 - 21	Bastante bien, pero todavía se puede hacer mejor. Por favor, vuelva a repasar los diálogos y la gramática.
	22 - 25	Muy bien. Pase a la lección siguiente.

Wir besuchen meine Familie – Vamos a visitar a mi familia

En esta lección todo está relacionado con la familia. Usted va a aprender las palabras para designar a cada miembro de la familia. También aprenderá el nombre de algunos países e idiomas. Con las formas del pasado de los verbos *sein* y *haben* va a tener usted más posibilidades de expresarse.

1 *Oiga lo que cuenta Claudia.* 2|32
Claudia y Robert salen inmediatamente después del desayuno y van a visitar a los padres de Claudia. Robert tiene curiosidad por conocer a los hermanos de Claudia. Durante el camino Claudia cuenta algunas cosas de su familia. Escuche lo que dice y escriba los nombres en los recuadros.

2 La familia 2|33

→ *Escuche ahora cómo se saludan los miembros de la familia y todas las cosas que se cuentan. Escuche la conversación por lo menos dos veces.*

Mama es la forma familiar de *Mutter*. *Papa*, la de *Vater*. !

→ *Si quiere ver exactamente el significado de las palabras y de las oraciones, puede consultar usted la siguiente lista:*

Wir besuchen meine Familie	*Vamos a visitar a mi familia.*
lange nicht gesehen = Ich habe dich lange nicht gesehen.	*¡Cuánto tiempo sin verte! = No te he visto desde hace mucho tiempo.*
Du bist sicher Robert.	*Tú debes ser Robert.*
sicher	*seguro*
Claudia hat schon viel von dir erzählt.	*Claudia ya nos ha hablado con frecuencia de ti.*
Wirklich?	*¿De verdad?*
Mama = Mutter (die), die Mütter	*mamá = madre (la), las madres*
Papa = Vater (der), die Väter	*papá = padre (el), los padres*
Wie gefällt Ihnen Berlin?	*¿Le gusta Berlín?, ¿Qué le parece Berlín?*
gefallen – er / sie / es gefällt, hat gefallen	*gustar – gusta, ha gustado*
Das war in einer Sprachenschule in England	*Fue en la escuela de idiomas en Inglaterra.*
Sprachenschule (die), die Sprachenschulen (die Sprache + die Schule)	*escuela (la) de idiomas, las escuelas de idiomas*
ich hatte Semesterferien	*Tenía vacaciones.*
Semesterferien (die Plural) (das Semester + die Ferien)	*vacaciones*
Da bin ich nach England gefahren und habe Englisch gelernt.	*Entonces fui a Inglaterra y aprendí inglés.*

Englisch	*inglés*
lernen – er / sie lernt, hat gelernt	*aprender – aprende, ha aprendido*
Und da waren auch Claudia und Niki.	*Y allí estaban también Claudia y Niki.*
Und jetzt sprechen Sie die Sprache perfekt, nicht wahr?	*Y ahora habla usted el idioma perfectamente, ¿verdad?*
perfekt	*perfecto, perfectamente*
Kinder, ihr habt bestimmt Hunger.	*Niños, seguro que tenéis hambre.*
Ich habe dein Lieblingsessen gekocht.	*He cocinado tu comida favorita.*
Lieblingsessen (das)	*comida (la) favorita*
Das siehst du gleich.	*Ya lo verás ahora.*

3 *¿Cuál es el orden?*
Ordene estas conversaciones. Por supuesto las hermanas son las primeras que se han saludado.

4 *Complete.*
En este diálogo aparecen war *y* hatte. *Estas son las formas del pasado de* sein *y* haben. *Complete usted los espacios en blanco.*

5 *¿Qué es cierto?*
Por favor, marque la respuesta adecuada.

6 *Aquí ve usted a las cinco personas que intervienen en el diálogo. ¿Qué ha dicho cada una? Escriba el número de cada foto en el círculo que corresponda.*

2|34 **7** *Ejercicio oral*
Lea primero el ejemplo y las palabras. Escuche después las preguntas y responda usted.

8 *Sopa de letras*
En esta sopa de letras está escondida la comida favorita de Claudia. Son tres palabras: una verdura que se come en primavera, hasta el mes de junio, y lo que se toma acompañándola. Un consejo: Mire la palabra Legraps; es un anagrama del ingrediente principal.

Pretérito indefinido de *sein* y *haben* / Präteritum von *sein* und *haben*: *war* und *hatte*

		sein	**haben**
Singular	ich	war	hatte
	du	warst	hattest
	er / sie / es	war	hatte
Plural	wir	waren	hatten
	ihr	wart	hattet
	sie / Sie	waren	hatten

Usted ya puede contar acontecimientos ocurridos en el pasado si ha aprendido *war* y *hatte* y los pretéritos perfectos de algunos verbos. Esto le ofrece muchas más posibilidades.

¡Felicidades! El esfuerzo ha valido la pena.

9 *Rellene los espacios en blanco con la forma adecuada del verbo entre paréntesis. Aquí puede usted contar algo en el pasado.*

Wir __________ (sein) gestern zu Hause bei Guido. Guidos Brüder __________ (sein) auch da. Guidos Schwester __________ (haben) aber keine Zeit. Sie __________ (sein) bei Christine. Das ist eine Freundin. Die Eltern __________ (sein) in der Stadt. Ich __________ (haben) meine CDs mit. Es __________ (sein) sehr gemütlich.

Los pronombres personales en acusativo – Personalpronomen: Akkusativ: *Ich habe dich lange nicht gesehen.*

Singular	ich	Verstehst du	**mich**	?
	du	Ich habe	**dich**	lange nicht gesehen.
	er / sie / es		**ihn / sie / es**	
Plural	wir	Verstehst du	**uns**	?
	ihr	Ich habe	**euch**	lange nicht gesehen.
	sie / Sie		**sie / Sie**	

- La mayoría de los verbos rigen acusativo: *Ich finde **deinen Bruder** sehr sympathisch.*
- El pronombre sustituye al artículo + nombre: *Ich finde **ihn** sehr sympathisch.*

10 *Sustituya el sustantivo por un pronombre. Usted no quiere repetir el nombre.*

Wie finden Sie das Essen? – Ich finde ______________ gut.

Bitte rufen Sie Herrn Schneider an. – Ich habe ______ schon angerufen. Er ist nicht da.

Wie findest du Evas Schwester? – Ich finde ______________ interessant.

Hast du die Adresse? – Ja, ich habe ____________.

Brauchen Sie den Wagen? – Ja, ich brauche __________ heute.

Kennen Sie die Leute? – Nein, ich kenne _________ auch nicht.

11 *Nombre + nombre*

En el texto aparece la palabra Lieblingsessen. Lieblings- *también se puede combinar con otras palabras. Pruébelo usted mismo. Por el contenido sabrá con qué palabras es posible esta combinación.*

stadt | bruder | dienstag | schwester | brot | film
hotel | anmeldung | regisseur | zimmer

Lieblings_______ Lieblings_______ Lieblings_______ Lieblings_______
Lieblings_______ Lieblings_______ Lieblings_______

12 *Países y nacionalidades*

Aquí tiene usted una tabla con nombres de países y nacionalidades. Complete las palabras que faltan. Los adjetivos terminan todos en -isch.

Land	Nationalität	Land	Nationalität
	Tschechisch		Chinesisch
Polen			Koreanisch
Russland		Österreich	
Türkei			Schweizerisch
Japan			Mexikanisch
	Spanisch	Ungarn	
	Italienisch		Griechisch

Las lenguas se escriben con mayúsculas:
Das ist Französisch.
Wie heißt das auf Französisch?

13 *Repaso*

Decir a alguien que cuente algo

Sag mal, … (wo wohnst du eigentlich)?	*Dime, … ¿(tú dónde vives)?*
Was meinst du?	*¿Qué te parece?*
Wie gefällt dir / Ihnen … (die Stadt)?	*¿Te/Le gusta … (la ciudad)?*
Woher kennst du / kennen Sie …?	*¿De qué conoces/conoce …?*
Hast du/haben Sie … kennengelernt?	*¿Has/Ha conocido …?*
Ich habe noch eine Frage.	*Tengo todavía una pregunta.*
Eine Frage, …	*Una pregunta, …*
Sprichst du / Sprechen Sie … (Deutsch)?	*¿Hablas/Habla … (alemán)?*
– Ja natürlich. / Ja, aber nicht gut. / Nur wenig.	*– Sí, naturalmente. / Sí, pero no bien. /*
	Sólo un poco.
Sprechen Sie perfekt … (Deutsch)? –	*¿Habla usted perfectamente … (alemán)?*
– Nicht perfekt, aber gut.	*Perfectamente no, pero bien.*

La terminación *-(i)sch*

14 *Escuche atentamente y repita.* 2|35

Französisch	Sprechen Sie Französisch?	Chinesisch	Ist das Chinesisch?
Englisch	Sprechen Sie Englisch?	Australisch	Ist das Australisch?
Deutsch	Sprechen Sie Deutsch?	Irisch	Ist das Irisch?
Italienisch	Sprechen Sie Italienisch?	Griechisch	Ist das Griechisch?
Spanisch	Sprechen Sie Spanisch?	Polnisch	Ist das Polnisch?
Japanisch	Sprechen Sie Japanisch?	Tschechisch	Ist das Tschechisch?

15 a. *Marque la sílaba tónica.* 2|36

Melanie: Sag mal, hast du eigentlich Geschwister?
Lisa: Klar.
Melanie: Und wie viele?
Lisa: Drei. Zwei Schwestern und einen Bruder.
Melanie: Toll! Ich habe leider keine Geschwister.
Lisa: Macht doch nichts. Du hast ja deine Freunde.
Sag mal, was machst du heute Abend?
Wir machen eine Party. Zu Hause.
Melanie: Ja, prima, und wann?
Lisa: Na so gegen acht.
Melanie: Ich komme. Wo wohnst du?
Lisa: In der Baumstr. 10.
Melanie: Ah, da kommt mein Bus ... Also dann bis heute Abend. Tschüs.
Lisa. Tschüs!

15 b. *Escuche ahora la conversación entre dos amigas.* 2|37

Información cultural (Libro de texto, página 60)

c) Baviera es conocida por su cerveza. Pero pocos saben que en el norte de Alemania se produce más cerveza que en Baviera. La cerveza de Dortmund es famosa.
f) Se trata naturalmente de Hamburgo.

Aquí hay seis dibujos. Relaciónelos con los seis textos.

Vocabulario

1. *Esriba el idioma, por ejemplo:* England – Englisch.

1. Frankreich ________________
2. Polen ________________
3. Österreich ________________
4. Türkei ________________
5. Australien ________________
6. China ________________
7. Slowenien ________________
8. Italien ________________

Gramática

2. *Complete las oraciones. Falta el verbo.*

1. Gestern __________ ich frei.
2. Meine Schwester __________ auch Zeit.
3. Wir __________ in der Stadt.
4. Meine Schwester __________ das Auto.
5. Das __________ prima.
6. Um acht __________ wir wieder zu Hause.

3. *Complete las oraciones. Ahora falta el pronombre.*

1. Wo ist mein Handy? – Ich habe ________ nicht gesehen.
2. Wie findest du die CD? – Ich finde ________ klasse.
3. Ich habe ein Problem. – So? Was ist ______ denn?
4. Wie findest du meine Eltern? – Ich finde ________ sehr sympathisch
5. Wie findest du meine Wohnung? – Ich finde ________ nicht schlecht.
6. Besuchst du heute deine Geschwister? – Nein, ich habe ______ gestern besucht.

Controle sus respuestas en la clave al final del libro y cuente después cuántos puntos ha conseguido.

Total:		
	1 - 10	No estaría mal si volviera a repetir esta lección.
	11 - 17	Bastante bien, pero no estaría de más si volviera a mirar los diálogos y la gramática.
	18 - 26	¡Estupendo! Si le apetece, puede repetir otra vez el vocabulario, si no, pase simplemente a la lección siguiente.

Eine Mail von Robert – Un mensaje de Robert

Por la noche, cuando Robert, Claudia y Niki ya han regresado a casa, Robert le escribe un mensaje a su amigo Jonas.
Esta lección está dedicada en su totalidad a las profesiones. Además va a aprender usted a escribir cartas y mensajes electrónicos.

1 *Relacione a estas personas con una profesión.*
¿En qué trabajan?

2 Robert le escribe un mensaje a su amigo Jonas 2|38

Lea el texto. Si no lo entiende todo, no se preocupe. Lo importante es que descubra lo que hace cada uno profesionalmente.
→ *Escuche y lea al mismo tiempo.*
→ *Aprenda el vocabulario.*

herzliche Grüße	*cordiales saludos*
Ich bin ein paar Tage bei Freunden.	*Estoy algunos días en casa de unos amigos.*
Freund (der), die Freunde	*amigo (el), los amigos*
Ich glaube, Du kennst sie.	*Creo que los conoces.*
Heute haben wir die Familie von Claudia besucht.	*Hoy hemos visitado a la familia de Claudia.*
Claudias Vater ist Ingenieur.	*El padre de Claudia es ingeniero.*
Er arbeitet als Controller.	*Trabaja de controller.*
Controller (der), die Controller	*controller (el)*
Claudias Mutter ist Malerin.	*La madre de Claudia es pintora.*
Malerin (die), die Malerinnen	*pintora (la), las pintoras*
Sie arbeitet aber auch als Übersetzerin.	*Pero también trabaja de traductora.*
Übersetzerin (die), die Übersetzerinnen	*traductora (la), las traductoras*
Claudias Bruder geht noch zur Schule.	*El hermano de Claudia todavía va al colegio.*
Er ist bald fertig.	*Va a acabar pronto.*
bald	*pronto*
fertig	*terminado, listo*
Regisseurin (die), die Regisseurinnen	*directora (la), las directoras*
Sie hat einen Film in Australien gemacht.	*Ha hecho una película en Australia.*
Film (der), die Filme	*película (la), las películas*
Australien	*Australia*
Für das Fernsehen.	*Para la televisión.*
Fernsehen (das)	*televisión (la)*
Toll, was?	*Estupendo, ¿verdad?*
toll	*estupendo*
Was gibt's in München?	*¿Y qué tal en Múnich?*
Alles klar?	*¿Todo va bien?*

3 *Conteste las preguntas.*
Encuentre las respuestas ordenando las distintas partes de las oraciones.

En el lenguaje hablado puede omitirse el sujeto y el verbo si ya han aparecido en la pregunta. Así puede recibir las siguientes respuestas: *Bei Claudias Eltern./Ingenieur./Malerin./Er geht noch zur Schule./Katrin./Interessant.*

4 *La familia de Claudia*
En el apartado de gramática encontrará algo más sobre el genitivo.

5 *Complete las oraciones con una forma de* sein.
Usted ya ha aprendido war *y* hatte. *En este texto otra vez aparecen estas formas. Complételo con una forma de* sein. *Tenga en cuenta si la oración está en pasado o en presente.*

2|39 **6** *Ejercicio oral – Lea primero las palabras que se le dan.*
Escuche las preguntas y conteste como en el ejemplo. Usted oirá después la respuesta.
A alguien le gustaría saber qué profesión tiene usted. Utilice las palabras que le damos y el masculino o el femenino. En la quinta pregunta puede decir usted su profesión verdadera.

2|40 **7** *Ejercicio oral*
Responda como en el ejemplo. Escuche después la respuesta.
Otra vez le van a preguntar por su profesión. Esta vez va a responder usted con mayor exactitud. Aquí también tiene que volver a elegir la forma masculina o la femenina. Escuche primero el ejemplo.

8 *Escribo un mensaje.*
Escriba un mensaje a casa. Constrúyalo utilizando las distintas partes que le damos.

El genitivo con lo nombres propios – Der Genitiv bei Eigennamen

Claudias Vater ist Controller. (= der Vater von Claudia)
Claudias Mutter ist Malerin. (= die Mutter von Claudia)

El genitivo de los nombres propios lleva una *-s* y va directamente delante del nombre de lo que a uno le pertenece.
En el lenguaje hablado también se dice *von* + Name: *die Mutter von Claudia.*

9 *¿De qué otra forma se puede decir?*
Imagínese que está viendo fotografías. Usted va a necesitar estas expresiones. Cambie las expresiones con von *por otras con el genitivo.*

Das ist die Mutter von Ralf.	– Das ist ________ ________.
Das sind die Eltern von Maxi.	– Das sind ________ ________.
Das ist der Bruder von Marie.	– Das ist ________ ________.
Das ist die Tochter von Frau Lehmann.	– Das ist Frau ________ ________.
Das ist der Sohn von Herrn Müller.	– Das ist Herrn ________ ________.
Das ist das Auto von Birgit.	– Das ist ________ ________.

10 *Relacione los dibujos con las profesiones.*
Hemos elegido también una profesión que no aparece en los diálogos.

a. die Lehrerin
b. die Hausfrau
c. der Maurer
d. der Maler
e. der Frisör
f. die Verkäuferin
g. der Taxifahrer

________ ________ ________ ________

________ ________ ________

Nombres femeninos de profesiones – Feminine Berufsbezeichnungen

der Politiker, die Politiker	die Politiker**in**, die Politiker**innen**
der Student, die Studenten	die Student**in**, die Student**innen**
der Geschäftsmann, die Geschäftsleute	die Geschäfts**frau**, die Geschäfts**frauen**

La forma femenina tiene la terminacion *-in*, en el plural *-innen*.
Cuidado: A veces se produce un cambio en la vocal: *der Arzt, die* **Ä***rztin.*

11 *Complete los espacios en blanco.*
El nombre de muchas profesiones femeninas termina en -in *(Plural* -innen*). En la tabla falta o el término masculino o el femenino.*

der	die	der	die
Regisseur		Informatiker	
	Malerin		Technikerin
Student		Lehrer	
Übersetzer			Schülerin
	Ingenieurin		Ärztin
	Frisörin		Taxifahrerin
Medien-Designer		Verkäufer	
Schornsteinfeger			Köchin
!!!	Hausfrau		Rechtsanwältin
Handwerker		Kfz-Mechaniker	
	Kellnerin		Redakteurin
Notarzt		Busfahrer	

12 *Repaso*

Escribir un mensaje personal

Hallo, … (+ Vorname)	*Hola, … (+ nombre)*
Lieber/Liebe … (+ Vorname)	*Querido/Querida … (+ nombre)*
Herzliche Grüße aus … (+ Stadt/Land)	*Cordiales saludos desde … (+ ciudad/país)*
Bussi	*Un beso*

Profesiones

arbeiten bei (Volkswagen) in (Wolfsburg) – er/sie arbeitet	*trabajar en (Volkswagen) en (Wolfsburg) – trabaja*
die Arbeit	*el trabajo*
das Büro, die Büros	*el despacho, los despachos, la oficina, las oficinas*
das Gehalt, die Gehälter	*el sueldo, los sueldos*
das Geschäft, die Geschäfte	*el negocio, los negocios, la tienda, las tiendas*
der Beruf, die Berufe	*la profesión, las profesiones*
der Job, die Jobs	*el trabajo, los trabajos*
der Stellenmarkt	*el mercado laboral*
die Firma, die Firmen	*la empresa, las empresas*
die Karriere, die Karrieren	*la carrera, las carreras*
die Stelle, die Stellen	*el puesto, los puestos*
verdienen – er/sie verdient, hat verdient	*ganar – gana, ha ganado*

13 *Escuche atentamente y repita.*

2|41

Taxifahrer	Ich bin Taxifahrer	Ich bin Taxifahrerin.
Student	Ich bin Student.	Ich bin Studentin.
Schornsteinfeger	Ich bin Schornsteinfeger.	Ich bin Schornsteinfegerin.
Maurer	Ich bin Maurer.	
Verkäufer	Ich bin Verkäufer.	Ich bin Verkäuferin.
Übersetzer	Ich bin Übersetzer.	Ich bin Übersetzerin.

die Designerin	der Software-Entwickler
die Ärztin	der Informatiker
die Journalistin	der EDV-Kaufmann
die Stewardess	der Kfz-Mechaniker
die Architektin	der Ingenieur
die Sozialarbeiterin	der Maschinenbaumechaniker
die Bürokauffrau	der Polizist
die Bankkauffrau	der Elektroinstallateur
die Lehrerin	der Jounalist
die Rechtsanwältin	der Architekt

Información cultural (Libro de texto, página 64)

Aquí tiene usted el nombre de algunas profesiones. Usted ya conoce estas palabras. Cuidado: una de estas profesiones tiene sólo una forma para el masculino y el femenino.

¿Cómo se llaman estas profesiones? Escriba la forma masculina y la femenina.

Estadística de las profesiones ideales
Las cifras muestran el tanto por ciento de estudiantes que se interesan por estas profesiones. En el ejercicio 13 puede oír usted los nombres de estas profesiones y repetirlos después en voz alta.

Vocabulario

1. Escriba las siguientes oraciones.

1. Franz | sein | Übersetzerin / Übersetzer ______
2. Ulrike | sein | Arzt / Ärztin ______
3. Tommy | sein | Taxifahrerin / Taxifahrer ______
4. Steffi | sein | Schüler / Schülerin ______
5. Frau Sommer | sein | Maler / Malerin ______
6. Herr Gruber | sein | Verkäufer / Verkäuferin ______

2. Escriba la forma masculina o la femenina de las siguientes profesiones.

1. der Politiker ______
2. die Geschäftsfrau ______
3. der Arzt ______
4. die Verkäuferin ______
5. der Student ______
6. der Ingenieur ______

Gramática

3. Escriba los genitivos: Eva – Freund: Evas Freund.

1. Stefan | Vater ______
2. Filip | Schwester ______
3. Frau Meier | Tochter ______
4. Anna | Tante ______
5. Ulrike | Freundin ______
6. Katharina | Familie ______

4. Escriba usted el plural de las siguientes palabras.

1. die Studentin ______
2. die Ärztin ______
3. die Freundin ______
4. die Pilotin ______
5. die Übersetzerin ______
6. die Politikerin ______

Comprensión auditiva

2|42

5. Escuche primero el diálogo. Vuelva a oírlo y marque con una cruz la respuesta adecuada.

1. Christine M. und Julia S.
- ☐ sind im Hotel.
- ☐ sind in der Firma.
- ☐ sind zu Hause.

2. Es ist
- ☐ noch früh.
- ☐ Mittag.
- ☐ Abend.

3. Sie frühstücken
- ☐ um acht Uhr.
- ☐ um halb acht.
- ☐ um acht Uhr fünfzehn.

4. Sie fahren
- ☐ eine halbe Stunde.
- ☐ eine Dreiviertelstunde.
- ☐ eine Stunde.

5. Sie haben einen Termin
- ☐ um neun Uhr.
- ☐ um halb neun.
- ☐ um zehn.

Controle sus respuestas en la clave al final del libro y cuente después cuántos puntos ha conseguido.

Total:	1 – 15	¡Ay!, esto no está todavía bien del todo. Vuelva a repetir esta lección rápidamente.
	16 – 25	Bastante bien, pero no estaría mal si volviera a repasar la gramática y el vocabulario.
	26 – 29	¡Excelente! Ya puede comenzar con la lección 16.

Algunos consejos didácticos:

1. Haga usted la primera lección y controle cuánto tiempo necesita. Todas las lecciones tienen aproximadamente la misma longitud. Así puede saber con cuánto tiempo tiene que contar para hacer cada una de ellas.
2. Intente dedicarle media hora diaria. Es mejor que dos o tres horas sólo los fines de semana.
3. Escuche sobre todo los textos y los ejercicios orales (pictograma en el libro de trabajo) todas las veces que sean necesarias hasta que su oído se acostumbre al sonido y entonación de las frases. Repita los ejercicios de pronunciación cuantas veces pueda.
4. Compre de vez en cuando un periódico alemán o una revista. Seguro que encuentra rápido palabras que ya conoce.
5. Y, sobre todo, si de pronto tiene la sensación de que no avanza, ¡no se dé por vencido! Como dice el proverbio: el maestro no nace, se hace.

Y un último consejo: No les preste atención a los que dicen que el alemán es una lengua muy difícil. ¡Nosotros lo convenceremos de lo contrario!

Y ahora hemos llegado al final de nuestro curso. Usted ha aprendido muchas palabras del lenguaje coloquial que puede utilizar inmediatamente, pero también algo sobre los países de habla alemana. Si usted tiene tiempo, visítenos en: www.hueber.de. En nuestra página encontrará información y consejos, y nos alegraría mucho si siguiera aprendiendo alemán y lo incluyera en su programa diario de estudio. ¡Adiós y hasta pronto!

Glossar – Glosario alemán – español

Los números se refieren a las lecciones.

A		
ab sofort	9	*desde ahora mismo, inmediatamente*
Abend (der), -e	1	*tarde, noche*
Abendessen (das)	14	*cena*
abends	10	*por la tarde, por la noche*
aber	2	*pero*
Ach	2	*¡Ah!*
Ach was!	8	*anda ya*
Adieu	1	*adiós*
Adjektiv (das), -e	4	*adjetivo*
Adresse (die), -n	3	*dirección*
Aha.	3	*¡Ah, que bien!*
Akkusativ (der), -e	11	*acusativo*
alle	4	*todos*
alles	12	*todo*
Alles bestens.	8	*Todo estupendamente.*
Alles klar?	15	*¿Está todo claro?*
als (weiter als)	10	*(más lejos) que*
also	7	*bueno*
alt	6	*viejo*
Amerika (das)	14	*América*
an	15	*a, en, junto a*
Anmeldung (die), -en	12	*inscripción*
anrufen – er/sie ruft an, hat angerufen	12	*llamar por teléfono*
Antwort (die), -en	2	*respuesta*
antworten – er/sie antwortet, hat geantwortet	2	*responder, contestar*
Anzeige (die), -n	9	*anuncio*
Apfel (der), ¨	8	*manzana*
Appartement (das), -s: 1-Zimmer-Appartement	9	*apartamento: un apartamento de una habitación*
Arbeit (die), -en	8	*trabajo*
arbeiten (als ...) – er/sie arbeitet, hat gearbeitet	5, 15	*trabajar (de)*
Architekt (der), -en/Architektin (die), -nen	15	*arquitecto/arquitecta*
Archiv (das), -e	11	*archivo*
Argentinien (das)	3	*Argentina*
Arm (der), -e	12	*brazo*
Armbanduhr (die), -en	10	*reloj de pulsera*
Artikel (der), -	3	*artículo*
Arzt (der), ¨e / Ärztin (die), -nen	15	*médico/médica*
Asien (das)	13	*Asia*
auch	1, 2	*también*
auf Deutsch	3	*en alemán*
Auf Wiederhören	7	*Adiós*
Auf Wiedersehen/Auf Wiederschaun	1	*Adiós*

Aufzug (der), ¨-e	11	*ascensor*
Auge (das), -n	12	*ojo*
aus	2	*de*
ausfüllen – er/sie füllt aus, hat ausgefüllt	3	*rellenar*
Ausländer (der), -/Ausländerin (die), -nen	3	*extranjero/extranjera*
Australien (das)	13	*Australia*
australisch	14	*australiano*
Ausweis-Nummer (die), -n	3	*número del documento de identidad*
Auto (das), -s: Auto fahren	2, 8	*coche: ir en coche*
Automat (der), -en	5	*máquina*

B

Baby (das), -s	13	*bebé*
Bad (das), ¨-er	9	*baño*
baden – er/sie badet, hat gebadet	9	*bañar*
Bahn (die), -en	10	*ferrocarril, tren*
Bahnhof (der), ¨-e	11	*estación*
Bahnhofsuhr (die), -en	10	*reloj de la estación*
bald	15	*pronto*
Balkon (der), -e	9	*balcón*
Bank (die), -en	12	*banco*
Bankkaufmann (der) ¨-er, -leute/Bankkauffrau (die), -en	15	*empleado/empleada de banco*
Bauch (der), ¨-e	12	*barriga*
Bayern (das)	1	*Baviera*
beantworten – er/sie beantwortet, hat beantwortet	6	*responder, contestar*
bedeuten – es/das bedeutet, hat bedeutet	3	*significar*
begrüßen – er/sie begrüßt, hat begrüßt	12	*saludar*
bei + Dativ	6, 12	*en, en casa de*
Bein (das), -e	12	*pierna*
Beispiel (das), -e : zum Beispiel	6	*ejemplo*
Belgien (das)	3	*Bélgica*
Beruf (der), -e	6	*profesión*
Berufsbezeichnung (die), -en	15	*nombre de profesiones*
besichtigen – er/sie besichtigt, hat besichtigt	12	*visitar*
Besichtigung (die), -en	11	*visita*
besonders	6	*especial*
bestimmt	14	*seguro*
Besuch (der)	9	*visita*
besuchen – er/sie besucht, hat besucht	13	*visitar*
betont	14	*acentuado*
Bier (das), -e	14	*cerveza*
Bild (das), -er	13	*fotografía*
billig	11	*barato*
bis (Mittag/morgen/…)	7	*hasta (el mediodía/mañana/…)*
Bis gleich.	10	*Hasta ahora mismo.*
bitte	3	*por favor*
bitte (Danke – Bitte.)	5	*de nada (gracias – de nada)*
Bitte sehr.	7	*Aquí tiene usted.*
Bitte?	5	*¿Cómo?*
bleiben – er/sie bleibt, ist geblieben	9	*permanecer*

Boutique (die), -n	12	*boutique*
Brasilien (das)	4	*Brasil*
brauchen – er/sie braucht, hat gebraucht	10	*necesitar*
Braune (der) (= Kaffeesorte)	7	*café solo con nata montada*
bringen – er/sie bringt, hat gebracht	9	*llevar*
Brot (das), -e	13	*pan*
Brötchen (das), -	13	*panecillo*
Bruder (der), ¨-	13	*hermano*
Buchhaltung (die)	12	*administración*
Buchstabe (der), -n	7	*letra*
Buchstaben-Labyrinth (das), -e	11	*laberinto de letras*
Buchstabensalat (der), -e	8	*sopa de letras*
buchstabieren –er/sie buchstabiert, hat buchstabiert	3	*deletrear*
Bulgarien (das)	3	*Bulgaria*
Bundesland (das), ¨-er	5	*estado federal*
Büro (das), -s	4	*despacho*
Bürokaufmann (der), ¨-er, -leute/Bürokauffrau (die), -en	15	*empleado/empleada del departamento de ventas*
Bus (der), -se	11	*autobús*
Busfahrer (der), -/Busfahrerin (die), -nen	15	*conductor de autobús*
Bussi!	15	*beso*
Butter (die)	13	*mantequilla*
bzw. (= beziehungsweise)	15	*o bien, o sea, o*

C

Cappuccino (der) (= Kaffeesorte)	7	*capuchino*
Casino (das), -s	12	*casino*
CD (die), -s	15	*CD*
Chef (der), -s/Chefin (die), -nen	7	*jefe/jefa*
China (das)	4	*china*
chinesisch	13	*chino*
Ciao	1	*adiós*
circa	12	*aproximadamente*
Controller (der), -/Controllerin, -nen	15	*controller*
Controlling (das)	12	*controlling*
Cousin (der), -s/Cousine (die), -n	13	*primo/prima*

D

da	4	*aquí*
Dachwohnung (die), -en (das Dach + die Wohnung)	9	*ático*
danke	1	*gracias*
Danke/Danke sehr.	1, 5	*Muchas gracias.*
dann	4	*entonces, luego*
Das: Das bin/sind ...	1	*esto, eso, aquello*
dass	12	*que*
Datum (das)	3	*fecha*
dauern – es dauert, hat gedauert	11	*durar*
dazu	9	*respecto a, además*
dein, deine	13	*tu*
denn (Wie ist es denn in München?)	4	*pues*

Der Apfel fällt nicht weit vom Stamm.	8	*De tal palo, tal astilla.*
Der Ton macht die Musik.	8	*Quien siembra recoge.*
der, die, das	3	*el, la*
deshalb	13	*por eso*
Designer (der), - / Designerin (die), -nen	6	*diseñador/diseñadora*
deutsch	3	*alemán*
Deutschland (das)	1	*Alemania*
Dialog (der), -e	3	*diálogo*
Dienstag (der)	7	*martes*
Digitaluhr (die), -en	10	*reloj digital*
direkt	4	*directo*
doch	12	*sí*
Donnerstag (der)	12	*jueves*
Doppelmokka (der) (= Kaffeesorte)	7	*café solo doble muy cargado*
dort	2	*allí*
dran sein – er/sie ist dran, ist dran gewesen	8	*tocar*
Dreiviertelstunde (die)	10	*tres cuartos de hora*
du	1	*tú*
durch (geteilt ...)	9	*entre (dividido ...)*
Durst (der): Durst haben	8	*sed: tener sed*

E

EDV-Fachmann (der), ¨er, -leute/EDV-Fachfrau (die), -en	15	*especialista de programación*
Ei (das), -er	13	*huevo*
Eigenname (der), -n	15	*nombre propio*
eigentlich	13	*en realidad*
eilig	10	*urgente, de prisa*
ein bisschen	1	*un poco*
ein paar	5	*algunos*
ein/eine	7	*uno, una*
Eindruck (der), ¨e	12	*impresión*
Einfamilienhaus (das), ¨er	9	*casa unifamiliar*
Eingang (der), ¨e	12	*entrada*
-einhalb	11	*y medio*
einige	9	*algunos*
einladen – du lädst ein, er/sie lädt ein, hat eingeladen: zum Essen einladen	11	*invitar: invitar a comer*
Eintrittskarte (die), -n	6	*entrada*
einverstanden	7	*de acuerdo*
elegant	12	*elegante*
Elektroinstallateur (der), -e/Elektroinstallateurin (die), -nen	13	*electricista*
Eltern (die Pl)	13	*padres*
E-Mail (die), -s	3	*mensaje electrónico*
Empfang (der)	12	*recepción*
endlich	13	*por fin*
Endung (die), -en	14	*terminación*
England (das)	3	*Inglaterra*
englisch	14	*inglés*
Enkel (der), -/Enkelin (die), -nen	13	*nieto/nieta*

Entschuldigen Sie ...	3	*Disculpe ...*
Entschuldigung (die) ...	3	*Perdón ...*
er	1	*él*
Erdgeschoss (das), -e	12	*planta baja*
Erdteil (der), -e	11	*parte del mundo*
ergänzen – er/sie ergänzt, hat ergänzt	1	*completar*
erkennen – er/sie erkennt, hat erkannt	4	*reconocer*
erzählen – er/sie erzählt, hat erzählt	12	*contar*
es (Personalpronomen)	3	*(ello)*
es eilig haben – er/sie hat es eilig, hat es eilig gehabt	10	*tener prisa*
es gibt (geben)	8	*hay*
Es ist ... (1 Uhr)	10	*Es ... (la una)*
es: Wie geht es ...?	1	*¿Cómo es ...?*
Espresso (der) (= Kaffeesorte)	7	*café solo*
essen – du isst, er/sie isst, hat gegessen	8	*comer*
Essen (das), -	11	*comida*
essen gehen – er/sie geht essen, ist essen gegangen	8	*ir a comer*
etwas	7	*algo*
euer, eure	15	*vuestro*
Euro (der), -s	5	*euro*
Europa (das)	5	*Europa*
extra	8	*especialmente*

F

fahren – du fährst, er/sie fährt, ist gefahren	5	*ir, viajar*
Fahrkarte (die), -n	5	*billete*
Fahrt (die), -en	12	*viaje*
fallen – du fällst, er/sie fällt, ist gefallen	8	*caer*
falsch	4	*falso, erróneo*
falsch gehen (Uhr)	10	*ir mal*
Familie (die), -n	13	*familia*
Familienname (der), -n	3	*apellido*
Familienstand (der)	3	*estado civil*
fast	10	*casi*
fehlen – es/das fehlt, hat gefehlt	6	*faltar*
feminin	7	*femenino*
Fernsehen (das)	15	*televisión*
fertig	15	*listo*
Fest (das), -e	11	*fiesta*
Fiaker (der) (= Kaffeesorte)	7	*café solo con ron o coñac*
Film (der), -e	14, 15	*película*
finden – er/sie findet, hat gefunden: eine Lösung finden	6, 12	*encontrar: encontrar una solución*
Firma (die), -en	7	*empresa*
Firmenbesichtigung (die), -en	11	*visita a una empresa*
Firmenname (der), -n	6	*nombre de una empresa*
fliegen – er/sie fliegt, ist geflogen	11	*volar*
Fliegenpilz (der), -e (die Fliege + der Pilz)	9	*amanita de las moscas (seta venenosa)*
Flughafen (der), ¨-	10	*aeropuerto*

Flugzeug (das), -e	11	*avión*
Flur (der), -e	9	*pasillo*
Form (die), -en	12	*forma*
förmlich	12	*formal*
Formular (das), -e	3	*formular*
Foto (das), -s	10	*foto*
Frage (die), -n	2	*pregunta*
fragen – er/sie fragt, hat gefragt	2	*preguntar*
Fragewort (das), ¨er	3	*interrogativo*
Frankreich (das)	2	*Francia*
französisch	14	*francés*
Frau (die), -en	1	*mujer*
frei	9	*libre*
Freitag (der)	12	*viernes*
Freund (der), -e/Freundin (die), -nen	12, 15	*amigo/amiga*
freundlich	14	*agradable*
Frisör (= Friseur), -e/die Frisörin (= Friseurin), -nen	12, 15	*peluquero/peluquera*
früh	8	*temprano*
früher	8	*más temprano*
Frühling (der)	13	*primavera*
Frühstück (das)	13	*desayuno*
frühstücken – er/sie frühstückt, hat gefrühstückt	13	*desayunar*
für + Akk.	9	*para, por*
furchtbar (... viel)	5	*horroroso (muy)*
Fuß (der), ¨e	12	*pie*
Fußball (der)	6	*fútbol*

G

Gabel (die), -n	13	*tenedor*
ganz	5, 13	*todo*
Garage (die), -n	9	*garaje*
Garten (der), ¨	9	*jardín*
Gast (der), ¨e	12	*invitado*
Gäste-Casino (das)	12	*cafetería de invitados*
geben – er/sie/es gibt, hat gegeben	7, 13	*dar*
geboren sein (in)	3	*nacido (en)*
Geburtsdatum (das), -daten	3	*fecha de nacimiento*
Geburtsjahr (das), -e	3	*año de nacimiento*
Geburtsland (das), ¨er	3	*país de nacimiento*
Geburtsname (der), -n	3	*nombre de soltera*
Geburtsort (der), -e	3	*lugar de nacimiento*
Geburtstag (der), -e	12	*día de nacimiento*
gefallen – du gefällst, er/sie gefällt, hat gefallen	14	*gustar*
gegen	14	*alrededor de, contra*
gegenüber	12	*enfrente de*
Gehalt (das), ¨er	9	*salario*
gehen – er/sie geht, ist gegangen	6, 7, 8	*ir*
gehen – Wie geht's?	1	*ir - ¿Cómo estás?*
Geld (das), -er	9	*dinero*
gemütlich	9	*acogedor*
Genitiv (der)	15	*genitivo*

geöffnet (von ... bis ...)	12	*abierto (desde ... hasta)*
geradeaus	11	*todo seguido*
gern, gerne	2, 4	*con gusto*
Geschäft (das), -e	1	*negocio, tienda*
Geschäftsleben (das)	12	*mundo de los negocios*
Geschäftsleitung (die)	11	*dirección*
Geschäftsmann (der), ¨-er, -leute/Geschäftsfrau (die), -en	6, 15	*hombre, gente/mujer de negocios*
Geschäftspartner (der), -	12	*compañero de negocios*
Geschenk (das), -e	6	*regalo*
Geschichte (die)	6	*historia*
geschieden	3	*divorciado*
Geschlecht (das), -er	3	*género*
geschlossen (Montag ...)	12	*cerrado (lunes ...)*
Geschwister (die Pl)	13	*hermanos*
Gespräch (das), -e	11	*conversación*
gestern	8	*ayer*
gesund	12	*sano*
Gesundheit (die)	12	*salud*
glauben – er/sie glaubt, hat geglaubt	12	*creer*
gleich (=)	9	*igual*
gleich	10, 13	*inmediatamente*
Glossar (das), -e	1	*glosario*
Glück (das): Glück bringen	1, 4, 5, 9	*suerte: traer suerte*
GmbH (die), -s	3	*sociedad limitada (S.L.)*
Grammatik (die)	1	*gramática*
Griechenland (das)	10	*Grecia*
griechisch	14	*griego*
groß	3, 5	*grande*
Großbritannien (das)	3	*Gran Bretaña*
große Braune (der) (= Kaffeesorte)	7	*un café solo grande con nata montada*
Großeltern (die Pl)	13	*abuelos*
Großmutter (die), ¨-/ Großvater (der), ¨-	13	*abuela/abuelo*
Großstadt (die), ¨-e	5	*ciudad grande*
Gruß (der), ¨-e	12	*saludo*
Grüß Gott/Grüezi/Griaß di	1	*Hola*
gut	1	*bien, bueno*
Gute Nacht	1	*Buenas noches*
Guten Abend	1	*Buenas tardes, Buenas noches*
Guten Morgen	1	*Buenos días*
Guten Tag	1	*Hola, Buenos días, Buenas tardes*

H

Haar (das), -e	12	*pelo*
haben – er/sie hat, hat gehabt	4, 8	*tener*
Hafen (der), ¨-	10	*puerto*
halb (... drei)	10	*media (tres y ...)*
halbe Stunde (die): eine halbe (1/2) Stunde	10	*media hora*
Hallo	1	*hola*
Hals (der), ¨-e	12	*cuello*

Haltestelle (die), -n	13	*parada*
Hand (die), ¨e: sich die Hand/Hände schütteln	12	*mano: darse la mano*
Handwerker (der), - /Handwerkerin (die), -nen	15	*trabajador/trabajadora*
Handy (das), -s	6	*móvil*
Handy-Nummer (die), -n	6	*número de móvil*
hässlich	12	*feo*
Hauptstadt (die), ¨e	10	*capital*
Haus (das), ¨er: zu Hause	5, 8	*casa: en casa*
Hausfrau (die), -en/Hausmann (der), ¨er	13	*ama de casa/amo de casa*
Hausnummer (die), -n	11	*número de la casa*
heißen – er/sie heißt	1	*llamarse*
heißen: das heißt	11	*significar: esto significa que …*
helfen – du hilfst, er/sie hilft, hat geholfen	7	*ayudar*
Herr (der), -en	1	*señor*
Herstellung (die)	12	*producción*
herzlich	1	*de corazón, cariñoso*
Herzlich willkommen	1	*Bienvenido*
herzliche Grüße (aus)	15	*muchos saludos (desde)*
heute	5	*hoy*
heute Abend/Mittag	10, 11	*hoy por la tarde, por la noche/al mediodía*
hier	4	*aquí*
Hilfe (die), -n: Hilfe!	12	*ayuda: ¡Socorro!*
Hobby (das), -s	6	*afición*
hoffen – er/sie hofft, hat gehofft	12	*esperar*
höflich	7	*educado*
Holland (das)	14	*Holanda*
holländisch	14	*holandés*
hören – er/sie hört, hat gehört	1	*oír*
Hotel (das), -s	3	*hotel*
Hotelanmeldung (die), -en	3	*inscripción en el hotel*
Hotelzimmer (das), -	10	*habitación de hotel*
Hufeisen (das), -	9	*herradura*
Hunger (der): Hunger haben	8	*hambre: tener hambre*

I

ich	1	*yo*
ihr	1	*vosotros*
ihr, ihre	6	*vuestro*
im Norden/Süden von …	9	*en el norte/sur de …*
immer	6	*siempre*
in	2	*en*
„in" sein	12	*estar de moda*
in der Nähe	13	*cerca*
Indien (das)	3	*India*
Indonesien (das)	3	*Indonesia*
Informatik (die)	6	*informática*
Informatiker (der), -/Informatikerin (die), -nen	7	*informático/informática*
Information (die), -en	11	*información*
Informationszentrum (das), -zentren	12	*centro de información*

informell	10	*informal*
Ingenieur (der), -e/Ingenieurin (die), -nen	6, 15	*ingeniero/ingeniera*
Inhalt (der), -e	1	*contenido*
interessant	9	*interesante*
Interview (das), -s	4	*entrevista*
Irak (der/-)	3	*Iraq*
Iran (der/-)	3	*Irán*
irisch	14	*irlandés*
IT-Abteilung (die), -en	12	*departamento de tecnología de la información*
Italien (das)	2	*Italia*
italienisch	14	*italiano*

J

ja	1	*sí*
Ja/Nein-Frage (die), -n	4	*pregunta con sí o no como respuesta*
ja: Sie sind ja ...	4	*realmente: Usted está ... [refuerzo]*
Jahr (das), -e	2	*año*
Jahreszeit (die), -en	13	*estación*
Japan (das)	3	*Japón*
japanisch	14	*japonés*
jemand	8	*alguien*
Jemen (der)	3	*Yemen*
jetzt	7	*ahora*
Job (der), -s	3	*trabajo*
Journalist (der), -en/Journalistin (die), -nen	15	*periodista*
Junge (der), -n	13	*chico*

K

Kaffee (der), -s	7	*café*
Kaffeepause (die), -n	7	*descanso para tomar café*
Kalender (der), -	12	*calendario*
kalt	4	*frío*
Kanal (der), ¨-e	10	*canal*
Kantine (die), -n	7	*cafetería/comedor de una empresa*
Kantinenleitung (die)	12	*jefe de la cafetería*
kaputt	11	*roto*
Kapuziner (der), (= Kaffeesorte)	7	*pequeño café solo con nata montada*
Karriere (die), -n	6	*carrera*
Karte (die), -n	3, 5, 7	*tarjeta*
Käse (der)	13	*queso*
kein, keine	11	*ninguno*
Keller (der), -	11	*sótano*
kennen – er/sie kennt, hat gekannt	2	*conocer*
kennenlernen – er/sie lernt kennen, hat kennengelernt	12	*conocer*
Kfz-Mechaniker (der), - /Kfz-Mechanikerin (die), -nen (Kfz = Kraftfahrzeug)	15	*mecánico de coches*
Kilometer (der), -	6	*kilómetro*
Kind (das), -er	13	*niño*
klar	2	*claro*

klasse	8	*clase*
Kleeblatt (das), ⸚er	9	*trébol*
klein	5	*pequeño*
kleine Braune (der) (= Kaffeesorte)	7	*café solo pequeño con nata montada*
Kleinstadt (die), ⸚e	5	*ciudad pequeña, pueblo*
kochen – er/sie kocht, hat gekocht	8	*cocinar*
Kollege (der), -n	12	*compañero de trabajo*
kommen – er/sie kommt, ist gekommen	2, 11	*venir*
Kommt Zeit, kommt Rat.	8	*Con el tiempo llega la sabiduría/ maduran las uvas.*
Konferenzraum (der), ⸚e	12	*sala de juntas/reuniones*
Konferenzzimmer (das), -	12	*sala de juntas/reuniones*
können – er/sie kann	7	*poder*
Kontinent (der), -e	13	*continente*
Kopf (der), ⸚e	12	*cabeza*
Korea (das)	4	*Corea*
Koreaner (der), –/Koreanerin (die), -nen	4	*coreano/coreana*
korrigieren – er/sie korrigiert, hat korrigiert	5	*corregir*
kosten	5	*costar*
krank	12	*enfermo*
Krankenzimmer (das), -	12	*habitación para enfermos*
Krankheit (die), -en	12	*enfermedad*
Küche (die), -n	9	*cocina*
Küchenuhr (die), -en	10	*reloj que esta en la cocina*
Kuckucksuhr (die), -en	10	*reloj de cuco*
kurz	5	*breve*

L

Lager (das), -	12	*almacén*
Land (das), ⸚er	3	*país*
Ländername (der), -n	3	*nombres de los países*
Landkarte (die), -n	5	*mapa*
lang, lange	5	*hace tiempo*
lang: der lange Vokal	2	*largo: la vocal larga*
langsam	3	*lento*
leben – er/sie lebt, hat gelebt	2	*vivir*
ledig	3	*soltero*
Lehrer (der), -/Lehrerin (die), -nen	15	*profesor/profesora*
leider	4	*por desgracia, siento que ...*
Leiter (der), -	4	*escalera*
Leitung (die), -en	12	*dirección*
Lektion (die), -en	1	*lección*
lernen – er/sie lernt, hat gelernt	14	*aprender*
lesen – du liest, er/sie liest, hat gelesen	5	*leer*
Lettland (das)	7	*Letonia*
Libanon (der)	3	*Líbano*
Liebe Grüße	15	*muchos saludos, saludos cariñosos*
lieber (als) (gern – lieber – am liebsten)	13	*me gusta más ...*
Lieber .../Liebe ...	15	*querido .../querida ...*
Lieblings- (-essen/-bruder/-film/-hotel ...)	14	*preferido, favorito*
liegen - es liegt	6	*estar (situado)*

Likör (der)	8	*licor*
Limo (die), -s (= Limonade (die), -en)	8	*gaseosa*
links	12	*a la izquierda*
Liter (= l) (der)	7	*litro*
Löffel (der), -	13	*cuchara*
Lösung (die), -en	9	*solución*

M

machen – er/sie macht, hat gemacht	8	*hacer*
machen: Das macht nichts.	7	*No importa.*
macht nichts (= Das ...)	10	*no importa*
Mädchen (das), -	13	*niña, jovencita*
Mahlzeit (die)	12	*comida*
Mail (die), -s	15	*mensaje*
mal: Sag mal ...	13	*Dime ...*
Maler (der), -/Malerin (die), -nen	15	*pintor/pintora*
Mama (die)	14	*mamá*
man	8	*se*
manchmal	12	*a veces*
Mann (der), ¨-er	13	*hombre*
männlich	3	*masculino*
Marienkäfer (der), - (der Käfer)	9	*mariquita, bichito de luz (escarabajo)*
Marketing (das)	7	*marketing, mercadotecnia*
Marketing-Abteilung (die), -en	12	*departamento de marketing*
Marketing-Chef (der)	7	*jefe de marketing*
markieren – er/sie markiert, hat markiert	1	*marcar*
Markt (der), ¨-e	12	*mercado*
Marmelade (die), -n	13	*mermelada*
Maschinenbaumechaniker (der), -/Maschinenbaumechanikerin (die), -nen	15	*mecánico, técnico*
maskulin	7	*masculino*
Maurer (der), -/ Maurerin (die), -nen	13	*albañil*
Medien-Design	6	*diseño informático*
Medien-Designer (der), -/Medien-Designerin (die), -nen	6	*diseñador informático/diseñadora informática*
mein, meine	1, 13	*mi*
meinen – er/sie meint, hat gemeint	13	*pensar*
meistens	12	*la mayoría de las veces*
Melange (die) (= Kaffeesorte)	7	*mitad café, mitad leche*
Messer (das), -	13	*cuchillo*
Meter (der/das), -	9	*metro*
mexikanisch	14	*mexicano*
Mexiko	14	*México*
Miete (die), -n	9	*alquiler, arriendo*
mieten – er/sie mietet, hat gemietet	11	*alquilar, arrendar*
Milch (die)	7	*leche*
Milchkaffee (der), -s	7	*café con leche*
Million (die), -en	6	*millón*
minus	9	*menos*
Minute (die), -n	5	*minuto*
mit + Dat.	3, 5, 11	*con*

mitkommen – er/sie kommt mit, ist mitgekommen	13	*venir con*
Mittag (der), -e	7	*mediodía*
mittags	10	*al mediodía*
Mittwoch (der)	12	*miércoles*
möchten – er/sie möchte	7	*gustaría*
mögen – er/sie mag, hat gemocht	13	*gustar*
Mokka (der), (= Kaffeesorte)	7	*café solo muy cargado*
Moldawien (das)	3	*Moldavia*
Moment (der), -e (einen Moment ...; im Moment)	11	*momento: un momento ...; en este momento*
Monat (der), -e	3	*mes*
monatlich	9	*mensual*
monatlich kalt/warm	9	*mensualmente sin/con calefacción*
Montag (der)	12	*lunes*
morgen	4	*mañana*
Morgen (der), -	1	*mañana*
morgens	10	*por la mañana*
Mund (der), ¨er	12	*boca*
mündlich	10	*bucal*
Musik (die)	6	*música*
Müsli (das)	13	*cereales*
Mutter (die), ¨	13	*madre*

N

Na ja	2	*bueno*
na klar	8	*pues claro*
nach	5, 10	*a, hacia*
nach Hause	5	*a casa*
nach: nach rechts	12	*a la derecha*
Nachbarland (das), ¨er	5	*país vecino*
nachgehen: die Uhr geht nach, ist nachgegangen	10	*retrasar: el reloj retrasa*
nachmittags	10	*por la tarde*
Nachname (der), -n	1	*apellido*
nachsprechen – du sprichst nach, er/sie spricht nach, hat nachgesprochen	13	*repetir*
Nacht (die), ¨e: Gute Nacht	1	*noche: buenas noches*
Nähe (die)	13	*cercanía, proximidad*
Name (der), -n	3	*nombre*
nämlich	8	*es que, a saber*
Nationalität (die), -en	3	*nacionalidad*
natürlich	7	*naturalmente*
negativ	4	*negativo*
nehmen – du nimmst, er/sie nimmt, hat genommen	7	*tomar*
Nein	3	*no*
nett	5	*simpático*
neu	3, 6	*nuevo*
Neuseeland (das)	4	*Nueva Zelanda*
neutral	7	*neutro*
nicht	2	*no*
nicht wahr?	14	*¿no?, ¿verdad?*
nichts	7	*nada*

nie	12	*nunca*
Niederlande (die Pl)	2	*Países Bajos*
niemand	8	*nadie*
noch	5	*todavía*
noch einmal	5	*otra vez*
Nomen (das), -	3	*nombre*
Nominativ (der), -e	9	*nominativo*
Norddeutschland (das)	1	*Alemania del Norte*
Norden (der)	6	*Norte*
Nordeuropa (das)	7	*Europa del Norte*
nördlich (von)	6	*al norte (de)*
Norwegen (das)	10	*Noruega*
Notarzt (der), ¨-e/Notärztin (die), -nen	12	*médico de urgencias*
notieren – er/sie notiert, hat notiert	5	*anotar*
Notiz (die), -en: Notizen machen	7	*nota: tomar notas*
null (= 0)	9	*cero*
Nummer (die), -n	3	*número*
nur	7	*sólo*

O

Oberbegriff (der), -e	13	*término genérico*
Obst (das)	13	*fruta*
oder	1	*o*
offiziell	10	*oficial*
öffnen – er/sie öffnet, hat geöffnet	12	*abrir*
Öffnungszeiten (die Pl)	12	*horas de apertura*
oft	12	*frecuentemente*
ohne + Akk.	2	*sin*
Oma (die), -s	13	*abuela*
Onkel (der), -s	13	*tío*
Opa (der), -s	13	*abuelo*
Ordnung (die): in Ordnung	11	*orden: de acuerdo*
Ort (der), -e	3	*lugar*
Osten (der)	6	*oeste*
Österreich (das)	1	*Austria*
östlich (von)	6	*al este (de)*

P

Papa (der), -s	14	*papá*
Party (die), -s	6	*fiesta*
Pass (der), ¨-e	3	*pasaporte*
passen – es passt, hat gepasst	1	*pegar con, ir bien con*
passend	2	*adecuado*
passieren – es/das passiert, ist passiert	12	*pasar, ocurrir*
Pass-Nummer (die), -n	3	*número de pasaporte*
Passwort (das), ¨-er	11	*contraseña/password*
Pause (die), -n	7	*descanso*
Pension (die), -en	11	*pensión*
perfekt	14	*perfecto*
Person (die), -en	1	*persona*
Personalpronomen (das), -	4	*pronombre personal*

Pfiat di	1	*adiós*
Pilot (der), -en/Pilotin (die), -nen	15	*piloto*
Plakat (das), -e	12	*cartel*
Platz (der), ⸚e: viel/wenig Platz; Platz nehmen; Platz machen	3, 9, 12	*lugar, espacio: mucho/poco espacio; tomar asiento; hacer sitio*
plötzlich	12	*de pronto*
Plural (der), -e	1	*plural*
plus	9	*más*
Polen (das)	3	*Polonia*
Politiker (der), -/Politikerin (die), -nen	15	*político/política*
Polizist (der), -en/Polizistin (die), -nen	15	*policía*
Portugal (das)	10	*Portugal*
positiv	4	*positivo*
Possessivartikel (der), -	13	*posesivo*
Postleitzahl (= PLZ) (die), -en	3	*código postal*
praktisch	4	*práctico*
Präsens (das)	2	*presente*
Präteritum (das)	14	*pretérito*
Praxis (die), Praxen	12	*práctica, consulta médica*
prima	4	*estupendo*
pro (pro Person)	9	*por (por persona)*
probieren – er/sie probiert, hat probiert	8	*probar*
Probieren geht über studieren.	8	*La experiencia es madre de la ciencia.*
Problem (das), -e; Kein Problem.	10	*problema: No hay ningún problema.*
Produktion (die), -en	12	*producción*
Pünktlichkeit (die)	12	*puntualidad*

Q

qm = m2 (= Quadratmeter)	9	*m2 (= metro quadrado)*
Quittung (die), -en	10	*recibo*
Quiz (das)	2	*acertijo, concurso*

R

Rätsel (das), -	9	*acertijo*
Raum (der), ⸚e	12	*habitación, cuarto*
rechnen – er/sie rechnet, hat gerechnet	9	*contar, hacer cuentas*
recht haben – er/sie hat recht, hat recht gehabt	8	*tener razón*
rechts	12	*derecha*
Rechtsanwalt (der), ⸚e/Rechtsanwältin (die), -nen	15	*abogado/abogada*
Redaktion (die), -en	12	*redacción*
Regisseur (der), -e/Regisseurin (die), -nen	13	*director/directora*
regnen – es regnet, hat geregnet	4	*llover*
reichen – es/das reicht, hat gereicht	9	*bastar, ser suficiente*
Reise (die), -n	4	*viaje*
Reiseziel (das), -e	10	*destino*
Reporter (der), -	3	*reportero*
Restaurant (das), -s	13	*restaurante*
richtig	2	*correcto*
richtig gehen: die Uhr geht richtig, ist richtig gegangen	10	*ir bien: El reloj va bien.*

rufen – er/sie ruft, hat gerufen	12	*llamar*
Rumänien (das)	3	*Rumanía*
Russland (das)	3	*Rusia*

S

sagen – er/sie sagt, hat gesagt: sagt man	2, 8	*decir*
Salat (der), -e	8	*ensalada, lechuga*
Salut	1	*adiós*
Satz (der), ¨-e	3	*oración*
Satzstellung (die), -en	12	*orden de la oración*
S-Bahn (die) (S = schnell), -en	5	*tren suburbano*
schade	8	*lástima*
Schale (die), -n (= Kaffeetasse)	7	*cuenco*
scheinen – er/sie scheint, hat geschienen	4	*parecer, brillar*
schlafen – du schläfst, er/sie schläft, hat geschlafen	9	*dormir*
Schlafzimmer (das), -	9	*dormitorio*
schlecht	4	*malo, mal*
schlimm	5	*malo, mal*
Schloss (das), ¨-er	6	*castillo, palacio*
Schmerzen (die Pl)	12	*dolor*
schneien – es schneit, hat geschneit	4	*nevar*
schnell	3	*rápido*
schon	2	*ya*
schön	4	*bonito*
Schornsteinfeger (der), -/Schornsteinfegerin (die), -nen	9, 15	*deshonillador/deshollinadora*
schrecklich	10	*horroroso*
schreiben – er/sie schreibt, hat geschrieben	1	*escribir*
Schule (die), -n	13	*colegio*
Schüler (der), -/Schülerin (die), -nen	15	*colegial, alumno/colegiala, alumna*
schütteln sich die Hand – er/sie schüttelt, hat geschüttelt: sich die Hand schütteln	12	*darse la mano*
Schwarze (der), (= Kaffeesorte)	7	*café solo sin azúcar*
Schweden (das)	10	*Suecia*
Schwein (das), -e	9	*cerdo*
Schweiz (die)	1	*Suiza*
schweizerisch	14	*suizo*
schwer	6	*difícil*
Schwester (die), -n	13	*hermana*
Schwiegersohn (der), ¨-e/Schwiegertochter (die), ¨-	13	*yerno/nuera*
Schwiegervater (der), ¨-/Schwiegermutter (die), ¨-	13	*suegro/suegra*
sehen – du siehst, er/sie sieht, hat gesehen	10	*ver*
sehr	2	*muy*
sein – er/sie ist, ist gewesen	1	*ser*
sein, seine	6	*su*
Seite (die), -n	2	*página*
Sekretariat (das), -e	11	*secretaría*
Selbstbedienung (die)	12	*autoservicio*
Semesterferien (die Pl)	13, 14	*vacaciones de semestre*
senkrecht	7	*vertical*
Serviette (die), -n	7	*servilleta*

Servus	1	*Adiós*
sich die Hand schütteln – sie schütteln sich die Hand, haben sich die Hand geschüttelt	12	*darse la mano*
sich entschuldigen – er/sie entschuldigt sich, hat sich entschuldigt	12	*disculparse*
sich ergeben – es/das ergibt sich, hat sich ergeben	11	*resultar*
sich sehen – sie sehen sich, haben sich gesehen	12	*encontrarse*
sicher	14	*seguro*
sie (Pl)	1	*ella*
sie (Sg)	1	*ellas*
Sie (Sg/Pl)	1	*usted, ustedes*
Silbe (die), -n	11	*plata*
Singular (der)	1	*singular*
sitzen – er/sie sitzt, hat gesessen	12	*estar sentado*
Ski fahren – du fährst Ski, er/sie fährt Ski, ist Ski gefahren	6	*esquiar*
Skizze (die), -n	12	*croquis*
Slowenien (das)	3	*Eslovenia*
so	2	*así*
so gegen ...	14	*alrededor de ...*
sofort	9	*inmediatamente*
Software-Entwickler (der), -/Software-Entwicklerin (die), -nen	15	*especialista de software*
sogar	9	*incluso*
Sohn (der), ¨-e	13	*hijo*
Sommer (der)	13	*verano*
Sonnabend/Samstag (der)	12	*sábado*
Sonne (die)	4	*sol*
Sonntag (der), -e	12	*domingo*
Sorgen (die Pl)	8	*preocupaciones*
Sozialarbeiter (der), -/Sozialarbeiterin (die), -nen	15	*trabajador / trabajadora social*
Spaghetti (die Pl)	8	*espagueti(s)*
Spanien (das)	3	*España*
spanisch	14	*español*
sparen – er/sie spart, hat gespart	9	*ahorrar*
Spargel (der), -	14	*espárrago*
Spaß (der): Spaß machen	8	*diversión: divertir*
spät	5	*tarde*
später	8	*más tarde*
Sprache (die), -n	6	*lengua, idioma*
Sprachenschule (die), -n	14	*escuela de idiomas*
sprechen – du sprichst, er/sie spricht, hat gesprochen	3, 8, 14	*hablar*
Sprechstunde (die), -n	12	*hora de consulta*
Sprechübung (die), -en	10	*ejercicio oral*
Sprichwort (das), ¨-er	8	*proverbio*
Stadt (die), ¨-e	3	*ciudad*
Stadtautobahn (die), -en	10	*autopista urbana*
Städtename (der), -n	2	*nombre de las ciudades*
Stadtplan (der), ¨-e	12	*plano de la ciudad*
Stadtrundfahrt (die), -en	4	*visita a la ciudad*

Start (der), -s	3	*comienzo*
starten – er/sie startet, ist gestartet	11	*comenzar*
Stau (der), -s	10	*atasco, embotellamieno*
Stelle (die), -n	15	*puesto*
Stellenmarkt (der), ¨-e	15	*mercado laboral*
Steward (der), -s/Stewardess (die), -en	6, 15	*asistente de vuelo/azafata*
Stichwort (das), ¨-er	13	*palabra dada, clave*
stimmen – es/das stimmt, hat gestimmt	8	*estar bien*
Straße (die), -n	3	*calle, carretera*
Student (der), -en/Studentin (die), -nen	6	*estudiante*
studieren – er/sie studiert, hat studiert	6	*estudiar*
Stunde (die), -n	5, 10	*hora*
suchen – er/sie sucht, hat gesucht	2	*buscar*
Sudan (der)	3	*Sudán*
Süden (der)	6	*sur*
südlich (von)	6	*al sur (de)*
super	5	*maravilloso, estupendo*
Supermarkt (der), ¨-e	12	*supermercado*
sympathisch	6	*simpático*

T

Tag (der), -e	1	*día*
Tagebuch (das). ¨-er	8	*diario*
täglich	12	*diariamente*
Tante (die), -n	13	*día*
Taschenuhr (die), -en	10	*reloj de bolsillo*
Tasse (die), -n	7	*taza*
Taxi (das), -s	10	*taxi*
Taxifahrer (der), -/Taxifahrerin (die), -nen	10, 15	*taxista*
Techniker (der), -/Technikerin (die), -nen	15	*técnico/técnica*
Tee (der), -s	7	*té*
Teil (der), -e	11	*parte*
Tel./Telefon (das)	3	*teléfono*
telefonieren – er/sie telefoniert, hat telefoniert	7	*llamar por teléfono*
Telefonnummer (die), -n	6	*número de teléfono*
Teller (der), -	13	*plato*
Tennis (das)	6	*tenis*
Termin (der), -e	10	*cita*
Terrasse (die), -n	9	*terraza*
Test (der), -s	13	*control*
teuer	11	*caro*
Text (der), -e	5	*texto*
Textbaustein (der), -e	15	*bloques de texto*
Textbuch (das), ¨-er	1	*libro de texto*
Ticket (das), -s	6	*billete*
Tipp (der), -s	12	*consejo*
Tochter (die), ¨-	13	*hija*
Toilette (die), -n	9	*servicio*
toll	14	*estupendo, maravilloso*
Ton (der), ¨-e	8	*tono*
Tourist (der), -en	12	*turista*

Traumberuf (der), -e	15	*profesión ideal*
träumen – er/sie träumt, hat geträumt	10	*soñar*
Treppe (die), -n	12	*escalera*
trinken – er/sie trinkt, hat getrunken	7	*beber*
Tschüs	1	*Adiós*
tun – er/sie tut, hat getan	12	*hacer*
Tür (die), -en	9	*puerta*
Türkei (die)	3	*Turquía*
türkisch	14	*turco*
Tut mir leid.	7	*Lo siento.*

U

üben – er/sie übt, hat geübt	11	*practicar*
Überraschung (die), -en	8	*sorpresa*
übersetzen – er/sie übersetzt, hat übersetzt	15	*traducir*
Übersetzer (der), - /Übersetzerin (die), -nen	15	*traductor/traductora*
Übersetzung (die), -en	12	*traducción*
übrigens	13	*por cierto*
Übung (die), -en	1	*ejercicio*
Uf Widerluege	1	*adiós*
Uhr (die), -en: Es ist 6 Uhr.	10	*hora: Son las 6.*
Uhrzeit (die), -en	10	*hora*
um (...6 Uhr)	10	*a las (... 6)*
unbestimmt	7	*indefinido*
und	1	*y*
ungefähr	10	*aproximadamente*
Uni (= Universität) (die), -s	12	*universidad*
Universität (die), -en	7	*universidad*
unpünktlich	12	*impuntual*
Unterschrift (die), -en	3	*firma*
unterstreichen – er/sie unterstreicht, hat unterstrichen	1	*subrayar*
USA (die Vereinigten Staaten von Amerika)	3	*EE.UU. (Estador Unidos de América)*
usw. (= und so weiter)	3	*etcétera*

V

Vater (der), ¨-	13	*padre*
Verb (das), -en	2	*verbo*
verboten	6	*prohibido*
verdienen – er/sie verdient, hat verdient	15	*ganar*
vergleichen – er/sie vergleicht, hat verglichen	1	*comparar*
verheiratet	3	*casado*
Verkäufer (der) -/die Verkäuferin, -nen	15	*vendedor/vendedora*
Verkehr (der)	10	*tráfico*
Verneinung (die)	4	*negación*
Versand (der)	12	*sección de expedición*
verstehen – er/sie versteht, hat verstanden	12	*entender, comprender*
Vertrieb (der)	11	*(departamento de) ventas*
Viel Glück!	13	*¡Mucha suerte!*
Viel Spaß!	11	*¡Que te/se divierta(s)!*

viel, viele	5	*mucho*
viele Grüße (aus ...)	15	*muchos saludos (desde ...)*
Vielen Dank	5	*Muchas gracias*
vielleicht	4	*quizás*
Viertel vor/nach ..., viertel ...	10	*cuarto (menos/y ...)*
Viertelstunde (die)	10	*cuarto de hora*
Visitenkarte (die), -n	3	*tarjeta de visita*
Visum (das), Visa	3	*visado*
Vokal (der), -e	8	*vocal*
Vokalwechsel (der), -	8	*cambio de vocal*
Volkswagen (der), -	15	*Volkswagen*
von ... bis	12	*desde ... hasta*
von + Dativ	3	*de, desde*
von Beruf (sein)	6	*de profesión (ser)*
Von nichts kommt nichts. (Sprichwort)	8	*Sin esfuerzo no consigues nada./Si no haces nada, no consigues nada.*
vor (... 6 Uhr)	10	*antes de (... las 6)*
vor/nach (Minuten)	10	*menos/y (minutos)*
vorgehen: die Uhr geht vor, ist vorgegangen	10	*adelantar: El reloj adelanta.*
Vormittag (der)	12	*mañana*
vormittags	10	*por la mañana*
Vorname (der), -n	3	*nombre (de pila)*
Vorschlag (der), ¨-e	11	*propuesta*
Vorwahlnummer (die), -n	11	*prefijo*
Vorwort (das)	1	*prólogo*

W

waagerecht	7	*horizontal*
Wagen (der), -	14	*coche*
Wann?	5	*¿Cuándo?*
warm	4	*caliente, caluroso*
warten – er/sie wartet, hat gewartet	11	*esperar*
Warum?	11	*¿Por qué?*
was = etwas	8	*algo*
Was?	3	*¿Qué?*
Wasser (das)	10	*agua*
WC (das), -s	9	*váter, servicio*
Weg (der), -e	11	*camino*
weg sein – er/sie ist weg, ist weg gewesen	13	*no estar, estar fuera*
wehtun – es/das tut weh, hat weh getan	12	*doler*
weiblich	3	*femenino*
weiß	14	*blanco*
weit	4	*lejos*
Welcher?/Welche?/Welches?	5, 17	*¿Cuál?*
wenig, wenige	5	*poco*
wenn	12	*si, cuando*
Wer Sorgen hat, hat auch Likör.	8	*Quien tiene preocupaciones se consuela con una copa.*
Wer?	6	*¿Quién?*
werden – du wirst, er/sie wird, ist geworden	12	*ponerse, volverse, llegar a ser. hacerse*

Westen (der)	6	*oeste*
westlich (von)	6	*al oeste (de)*
Wetter (das)	4	*tiempo*
W-Frage (die), -n	6	*pregunta con un interrogativo*
wichtig	12	*importante*
wie (A wie Anton)	6	*como (A como Anton)*
Wie alt?	6	*¿Cuántos años?*
Wie bitte?	5	*¿Cómo?*
Wie lange?	5	*¿Cuánto tiempo?*
Wie spät (ist es)?	10	*¿Qué hora es?*
Wie weit?	10	*¿A qué distancia?*
Wie?	1	*¿Cómo?*
wieder	5	*otra vez*
wiederholen – er/sie wiederholt, hat wiederholt	3	*repetir*
Wiener Melange (die) (= Kaffeesorte)	7	*mitad café, mitad leche espumosa*
willkommen	1	*dar la bienvenida*
windig	4	*hace viento, ventoso*
wir	1	*nosotros*
wirklich	14	*realmente*
Wo?	2	*¿Dónde?*
Woche (die), -n	13	*semana*
Wochenende (das), -n	13	*fin de semana*
Wochentag (der), -e	12	*día de la semana*
Woher?	2	*¿De dónde?*
Wohin?	8	*¿Adónde?*
wohnen – er/sie wohnt, hat gewohnt	2	*vivir*
Wohnung (die), -en	9	*piso*
Wohnzimmer (das), -	9	*sala de estar, salón*
Wort (das), ¨-er	5	*palabra*
Wörtersalat (der)	13	*sopa de letras*

Z

Zahl (die), -en	3	*número*
Zahn (der), ¨-e	12	*diente*
Zahnschmerzen (die Pl)	12	*dolor de muelas*
zeichnen – er/sie zeichnet, hat gezeichnet	12	*dibujar*
zeigt: die Uhr zeigt	10	*el reloj indica*
Zeit (die), -en	4	*tiempo*
Zeit (die): Zeit haben	4, 6	*tiempo: tener tiempo*
Zeitangabe (die), -n	11	*expresión temporal*
Zeitschrift (die), -en	12	*revista*
Zentrum (das), Zentren	4	*centro*
Ziel (das), -e	3	*meta, objetivo*
ziemlich	15	*bastante*
Zimmer (das), -	9	*habitación*
zu (spät)	12	*demasiado (tarde)*
zu Fuß (gehen)	12	*a pie*
zu Hause	8	*en casa*
zu spät: zu spät kommen	10	*(demasiado) tarde: llegar (demasiado) tarde*
zu/zum/zur + Dativ	10, 11, 19	*a, a casa de*

Zucker (der)	7	*azúcar*
zuerst	4	*primero*
Zug (der), ⸚e	11	*tren*
zuhören – er/sie hört zu, hat zugehört	3	*escuchar*
zum Glück	12	*por suerte*
zum Schluss	14	*para terminar*
zum/zur: zur Schule gehen	10, 13	*a: ir al colegio*
Zuname (der), -n	6	*apellido*
zuordnen – er/sie ordnet zu, hat zugeordnet	1	*ordenar*
zurück	11	*de vuelta*
zurückfahren – er/sie fährt zurück, ist zurückgefahren	12	*volver, viajar de vuelta*
zurückfliegen – er/sie fliegt zurück, ist zurückgeflogen	11	*volar de vuelta*
zurückgehen – er/sie geht zurück, ist zurückgegangen	12	*volver*
zusammengehören – es/das gehört zusammen, hat zusammengehört	3	*pertenecer al mismo grupo/a la misma categoría*
zusammenpassen – das passt zusammen, hat zusammengepasst	1	*pegar, ir bien*
zusammensetzen – er/sie setzt zusammen, hat zusammengesetzt	15	*colocar juntos, combinar*
zwischen + Dativ	14	*entre*

Lösungen / Clave de los ejercicios

Lección 1

1 a3, b4, c1, d2, e5
3 Guten Tag. Sind Sie Herr Heinrich? / Ja, das bin ich. / Mein Name ist Bruckner, Chris Bruckner. / Guten Tag, Frau Bruckner. Herzlich willkommen.
Hallo, Rob. / Hallo, Claudia. / Wie geht's dir? / Danke, gut.
4 Hallo, Rob. - Hallo, Claudia.
Wie geht es Ihnen? - Danke, gut. Und Ihnen?
Guten Tag, ich bin Chris Bruckner. - Guten Tag, Frau Bruckner. Herzlich willkommen.
Wie geht's dir? - Gut, danke.
Sind Sie Herr Heinrich? - Ja, das bin ich.
5 **Sie:** Sie, Guten Tag, Frau; **du:** Hallo, Hallo
6 **Sie:** Sind, bin, ist
du: Bist, bin, bin, bin
7 1. Guten Tag, 2. Danke, gut, 3. Hallo, 4. Ich bin Felix.
8 1a, 2c, 3a
9 Das sind Sie. Das sind wir. Das seid ihr. Das ist sie (*Sing.*). Das bin ich. Das ist er. Das sind sie (*Pl.*).
10 Ich bin, Sind Sie, Bist du, Herr Heinrich ist, Wir sind, Seid ihr, Sind Sie
11 Grüß Gott. - Grüß Gott.; Hallo, ..., wie geht's? - Gut, und dir?; Grüezi. - Grüezi, Nina.

Libro de trabajo, página 9 / Libro de texto, página 8: Guten Tag, Servus, Grüezi

1 (Norddeutschland:) Guten Tag. Hallo. Auf Wiedersehen. Tschüs.
2 (Bayern:) Grüß Gott. Griaß di. Auf Wiederschaun. Pfiat di.
3 (Österreich:) Grüß Gott. Servus. Baba.
4 (Schweiz:) Grüezi. Uf Widerluege. Salut.

Control

1. 1. Hola, Buenos días, Buenas tardes, 2. Buenos días, 3. Hola, 4. ¿Cómo está usted?, 5. Bien, gracias. 6. Adiós
2. 1. Nacht, 2. Wiedersehen, 3. Guten, 4. Guten, 5. Guten, 6. Tschüs
3. 1. bin, 2. bist, 3. ist, 4. ist, 5. ist, 6. Sind, 7. Sind, 8. Sind
4. 1. bin, 2. Bist, 3. Sind, 4. bin, 5. ist, 6. ist

Lección 2

2 Sind Sie aus Berlin, Herr Heinrich?
Ja, klar. Und Sie, woher kommen Sie?
Aus Österreich, ich bin aus Wien. Aber ich lebe in München. Schon lange.
Sind Sie gern in München?
Ja, sehr gern. Ich wohne schon fünf Jahre dort.
Kennen Sie Berlin?
Ja, aber nicht gut.

3 1. Sind, 2. kommen, 3. bin, 4. lebe, 5. Sind, 6. wohne

4 aus Berlin, in Berlin, aus Österreich, in München, fünf Jahre dort, Berlin nicht gut

5 1. Nein, ich bin aus Wien. 2. Ja, schon lange. 3. Ja, aber nicht gut.

6 1. Nein, aus München. 2. Ja, klar. 3. Ja, das bin ich.

8 lebt, wohnt, wohnen, kommt, kommen, kennt, Kennen
Lebt Pierre in Paris? – Ja, er lebt in Paris. / Er ist aus Paris.
Kennen Sie Paris? – Ja, aber nicht gut. / Ich kenne London gut.

9 sein, wohnen, heißen, kennen

10 kennst, kennt, leben, wohnst, wohnt, wohnen, heiße, heißen

11 Ich heiße ... (su nombre), Wie heißt ..., Er heißt ..., Wie heißen ..., Wir heißen ..., Wie heißt ..., Karla und Fritz heißen ...

12 kommt Andrea – Sie kommt; Lebt Pierre – Pierre lebt; kommen Graziella und Paolo – sie kommen; Wohnt Juan – Juan wohnt; Kennen Sie – ich kenne; Wohnt Elsbeta – sie wohnt

Libro de trabajo, página 15 / Libro de texto, página 12: Städte-Quiz

Hamburg, Köln, Leipzig, Augsburg, Bern, Zürich, Salzburg, Graz
D ist Deutschland. A ist Österreich. CH ist die Schweiz.

Control

1. 1. ¿Qué tal? 2. Sí, claro. 3. Sí, soy yo.

2. 1. kommen, 2. leben / wohnen, 3. heißen, 4. sein, 5. kennen

3. 1. aus, 2. Kommen, 3. wohne, 4. Sie, 5. Kennen, 6. Kommen

4. 1. Woher kommen Sie? 2. Sind Sie aus Hamburg? 3. Wohnen Sie in München? 4. Kennen Sie Berlin? 5. Sind Sie Herr Müller? 6. Wie geht es Ihnen?

Lección 3

1 a. Groß, b. Julian, c. Stuttgart, d. Berlin, e. 10543, f. Neue Straße 10, g. Deutschland, h. *Julian Groß*
der Name – apellido, der Vorname – nombre (de pila), der Geburtsort – lugar de nacimiento, die Adresse – dirección, der Ort – lugar, die Postleitzahl – distrito postal, die Straße – calle, das Land – país, die Unterschrift – firma

4 a1, b1, c2, d8 oder 3, e8 oder 3, f4, g5, h7, i6

5 der Ort, der Name, die Postleitzahl, der Vorname, die Straße, die Adresse, das Land

6 Adresse

8 der Pass – das Visum, der Name – der Vorname, der Ort – die Postleitzahl, männlich – weiblich, ledig – verheiratet, das Hotel – die Adresse, der Geburtsort – das Geburtsjahr, Datum – Unterschrift

10 in, in, aus, in

11 Argentinien, Australien, Belgien, Brasilien, Bulgarien, Großbritannien, Indien, Indonesien, Italien, Kroatien, Moldawien, Rumänien, Slowenien

12 Aus Russland, Aus Frankreich, Aus den USA, Aus Deutschland, Aus der Schweiz, Aus Japan

13 null, eins, zwei, drei, vier, fünf, sechs, sieben, acht, neun, zehn

14 70190, 80805, 76137, 60313, 69118, 20143

18 fünf, zwei, vier, neun

Libro de trabajo, página 21 / Libro de texto, página 16: Ausländer in Deutschland

Entschuldigen Sie, woher sind Sie?
Aus Deutschland.
Aus Deutschland?
Ja, klar. Ich bin aus Berlin. Ich wohne hier.
Und wie heißen Sie?
Özcan Saglem.
Aha.

Control

1. 1. ¿Cuál es su nombre? 2. ¿Dónde nació usted? 3. Por favor, deletréelo. 4. Estoy divorciado. 5. ¿De dónde …? 6. Su número de pasaporte, por favor.

2. 1. das, 2. die, 3. die, 4. der, 5. der, 6. das

3. 1. verheiratet, 2. wohnen Sie, 3. Ihre Adresse, 4. kommen Sie, 5. die Pass-Nummer, 6. aus Österreich

4. 1. Müller, 2. Janssen, 3. Hamburg

Lección 4

1 Wie geht's? – 1, 2, 4
Wie ist das Wetter? – 2, 3
Wie ist das Hotel? – 1, 2, 3
Wie war die Reise? – 1, 2, 4

2 Das Wetter ist auch prima.
Ja, es ist schön und sehr warm. Wie ist es denn in München?
Leider schlecht. Es regnet schon zwei Tage.
Da haben Sie hier Glück. Kennen Sie die Stadt?
Nicht sehr gut.
Dann machen wir eine Stadtrundfahrt. Vielleicht morgen?
Ja, gerne.

3 **Bruckner:** b, e, f, h; **Kühne:** a, c, d, g, i, j

4 a. gut, b. direkt im Zentrum, c. praktisch, d. nicht schlecht, e. in München, f. nicht sehr gut.

6 **Richtig:** Frau A. wohnt im Hotel Amsterdam. – Frau A. wohnt im Amsterdam. – Das Hotel ist sehr praktisch.

8 gut, gut, weit, praktisch, prima, schön, warm, schlecht, gut

9 Tag, Frau, Reise, Herr, Hotel, Zentrum, Wetter, München, Glück, Stadt, Stadtrundfahrt

10 die Reise, das Zentrum, die Adresse, das Land, der Name, der Tag, die Stadt, das Hotel, das Wetter, die Stadtrundfahrt, das Glück

11 Geschäft – es, Tag – er, Stadt – sie, Euro – er, Reise – sie, Haus – es, Auto – es, Zeit – sie, Adresse – sie

12 gut, herzlich, prima, schön, warm, schlecht, geschieden, ledig, neu, richtig, langsam, männlich, schnell, weiblich, falsch, kalt, negativ, praktisch, weit

13 Nein, das Wetter ist nicht schön. Nein, es regnet nicht. Nein, das Zentrum ist nicht weit. Nein, das Hotel ist nicht praktisch. Nein, die Reise ist nicht prima.

17 der Name, das Land, der Familienstand, die Adresse, das Geburtsland, die Nationalität

Libro de trabajo, página 27 / Libro de texto, página 20: Ländernamen

Neuseeland, England, Türkei, Russland, Deutschland, Österreich, China, Korea, Italien, Brasilien
4 Korea, 9 Österreich, 7 China, 5 Deutschland, 8 Brasilien, 6 England, 10 Russland, 1 Neuseeland, 3 Türkei, 2 Italien, 11 Frankreich

Control

1. 1. ¿Qué tal? 2. Muy bien. 3. Por desgracia mal.

2. 3 Es ist sehr warm. 1 Es ist windig. 5 Es ist kalt. 4 Die Sonne scheint. 6 Es regnet. 2 Es schneit.

3. 1. der, 2. die, 3. das, 4. die, 5. das, 6. das
4. 1., 3., 4., 5., 8.
5. 1. Nein, das ist nicht weit. 2. Nein, das ist nicht schön. 3. Nein, es ist nicht kalt. 4. Nein, es ist nicht windig. 5. Nein, es regnet nicht. 6. Nein, es schneit nicht.

Lección 5

1 a2, b5, c1, d4, e3
3 Was, Wo, Wie lange, Wie, Wann,
4 Die Fahrkarte kostet zwei Euro. - Robert und Claudia sind in Berlin. - Rosenheim ist eine Kleinstadt. - Berlin ist eine Großstadt. - Niki arbeitet furchtbar viel / sehr viel. - Robert arbeitet furchtbar wenig / sehr wenig / nicht viel.
5 heiße, ist, sind, ist, heißt
6 Zwei Euro. - Eine Stunde. - Super. - Mit der S-Bahn. - Spät. - Nein, furchtbar wenig.
7 Eine Stunde, die Fahrkarte, eine Frage, ein Hotel, eine Großstadt, ein Bundesland?
8 du: hast, arbeitest, fährst; er/sie/es: hat; arbeitet, fährt; ihr: arbeitet
9 die Minute, die Fahrkarte, die Großstadt, der Euro, die Kleinstadt, die Stunde, die S-Bahn, das Auto
10 1 Fahrkarten, 2 Minuten, 3 Stunden, 4 Namen, 5 Länder, 6 Wörter
11 eine - Minuten, eine - Stunden, eine - Städte, eine - Großstädte, eine - Kleinstädte, ein - Geschäfte, eine - S-Bahnen, ein - Autos
13 Stadt - Städte, Land - Länder, Wort - Wörter, Satz - Sätze, Pass - Pässe
14 in Bremen, schon ein Jahr dort, kennt

Libro de trabajo, página 33 / Libro de texto, página 24: Nachbarländer

Dänemark, Polen, Tschechien, Österreich, die Schweiz, Frankreich, Luxemburg, Belgien, die Niederlande

Control

1. 1. Gracias. 2. ¿Cuánto cuesta? 3. a casa, 4. poco tiempo, 5. muchísimo, 6. ¿Cómo?
2. 1. die Stadt, 2. eine Minute, 3. eine Stunde, 4. die Fahrkarte, 5. das Wort, 6. ein Land
3. 1. Arbeitest, 2. Hast, 3. arbeiten, 4. Fahrt, 5. fahren, 6. kostet
4. 1. die, 2. die, 3. die, 4. der, 5. die, 6. das
5. 1. Stadt, 2. Wörter, 3. Sätze, 4. Land, 5. Pass, 6. Pässe

Lección 6

1 a4, b5, c3, d1, e2, f7, g6
3 Berlin: wohnen, Rosenheim: wohnt, München: studiert
4 Wer, geboren, Jahre, Beruf, bei, Hobbys; Wer, aus, München, Student, Zeit, findet
5 Sie ist in Berlin geboren. – Sie ist 23 Jahre alt. – Sie ist Medien-Designerin von Beruf. – Sie arbeitet bei Art & Design. – Ihre Hobbys sind Reisen und Sprachen. – Robert kommt aus Rosenheim.
6 a2, b1, c5, d6, e3, f4
8 *Ejemplo:* Ich finde Claudia sympathisch.
9 1c, 2e, 3f, 4g, 5d, 6a, 7b
10 (ein)hundertfünfzig, fünfundzwanzig, dreiundsiebzig, fünfzehn, fünf, neunundneunzig
11 1. 089 – 46 37 49, 2. 040 – 77 88 90, 3. 030 – 307 26 50, 4. 069 – 32 56 80

Libro de trabajo, página 39 / Libro de texto, página 28:
Ein Schloss in Bayern

1. Im Süden von München, 2. 150 Kilometer, 3. 9 Euro

Control

1. 1. Kleinstadt, 2. vielen Dank, 3. Telefonnummer, 4. nach Hause, 5. Hobby, 6. interessant
2. 1. Er studiert. 2. Sie studiert in Hamburg. 3. Er ist in Deutschland geboren. 4. Er ist drei Jahre alt. 5. Wo arbeiten Sie? 6. Was sind Sie von Beruf?
3. 1. arbeitest, 2. studiert, 3. fahre, 4. kommst, 5. hast
4. 1. Wo, 2. Was, 3. Wo, 4. Wie, 5. Wie lange, 6. Was
5. 1. ist nicht in Deutschland geboren, 2. arbeitet, 3. schon fünf Jahre da

Lección 7

1 Kaffee / Tee, Milch und Zucker, Milch / Zucker.
3 2, 4, 3, 1
4 1b, 2d, 3a, 4g, 5c, 6e, 7f
5 Leid, Mittag, gern, Kantine, Tee; DANKE
6 a. Ja, gerne. b. Tee, bitte. c. Ja, danke. d. Ja, bitte. e. Nur Milch, bitte. f. Ja, gerne.
7 a. Fahrkarte, b. Hobby, c. Sprache, d. Buchstabe, e. sympathisch, f. Informatik
8 liegt, gut, fünf Jahre, Herr, Chef, alt, Beruf
9 eine Kleinstadt, eine Handy-Nummer, ein Vorname, ein Land, eine Postleitzahl, ein Wort
10 ich: möchte, kann; du: nimmst, möchtest, kannst; er/sie: nimmt, kann; ihr: möchtet; sie/Sie: können
11 Möchten Sie, Kann ich, Kann ich, Möchten Sie, Kann ich, Möchten Sie, Können Sie, Können Sie

12 wo das Hotel, wann der Bus, wie der Herr, was die Fahrkarte, woher Herr Bünzli, wer Herr Heinrich

14 **kurz:** hat, dann, Stadt, schlecht, kommt, sind, Stunde; **lang:** haben, da, Jahr, Tee, schon, Sie, nur

15 ¿Quién es, por favor? ... – Wer ist dort bitte? ... / ¿Es usted Meier? ... – Ist dort Meier? ... / ¿Es usted Meier? ... Adiós. – Ist dort Meier? ... Auf Wiederhören.

Libro de trabajo, página 45 / Libro de texto, página 32:
Kaffee trinken

In Deutschland, In Österreich, In der Schweiz

Control

1. 1. Tee, 2. Zitrone, 3. nichts, 4. Frau, 5. Beruf, 6. Süden

2. 1. No importa. 2. ¿Puedo, por favor, ...? 3. Me gustaría ..., 4. ¿De acuerdo? 5. Lo siento. 6. Sí, naturalmente.

3. 1. Möchten Sie, 2. Ich möchte, 3. Ich nehme, 4. Wir arbeiten, 5. Wer geht, 6. Machen Sie, 7. Können wir, 8. kann

4. 1. eine, 2. ein, 3. eine, 4. eine, 5. eine, 6. ein, 7. eine, 8. ein

Lección 8

1 arbeiten, kochen, trinken, essen, sprechen, fahren

3 zu Hause, prima, Spaß, Pause, recht, Hunger, Überraschung, Salat

4 Hunger und Durst

5 a. zu Hause, b. früher gegangen, c. viel, d. recht, e. Hunger, f. Spaghetti und Salat

6 Er ist, Er ist, Er hat, Die Arbeit hat, Er hat, Wir haben, Wir haben

7 a. Klasse! *oder* Prima! b. Na klar. c. Na klar. d. Na ja. *oder* Bestens. e. Na ja. f. Ach was. *oder* Na klar. g. Schade. *oder* Macht nichts.

8 Hause, gegangen, arbeitet, recht, und, gemacht, fahren, fährt

9 **G** = Fahrt ihr in die Stadt? Was heißt das? Hast du Hunger? Du hast recht. Wohin fährt die Bahn?
V = Was hast du heute gemacht? Wo bist du geboren? Ich habe schon gegessen. Hast du gearbeitet? Ich bin früh nach Hause gegangen.

10 *lesen* – du liest, er/sie liest
essen – du isst, er/sie isst
haben – du hast, er/sie hat
geben – du gibst, er/sie gibt
fahren – du fährst, er/sie fährt
nehmen – du nimmst, er/sie nimmt
sprechen – du sprichst, er/sie spricht

11 Ich habe heute etwas gekocht. Da ist niemand. Nein, ich arbeite zu viel. Ich bin extra früher gegangen.

15 Hallo.
Wer ist dort bitte?
Hier Meyer.
Ist dort Meyer, Telefon 46 88 11?
Nein, hier Meyer, Telefon 46 77 11.
Oh, Entschuldigung.
Bitte sehr.

Libro de trabajo, página 51 / Libro de texto, página 36: Sprichwörter

Kommt Zeit, kommt Rat. Der Apfel fällt nicht weit vom Stamm. Probieren geht über Studieren. Der Ton macht die Musik. Wer Sorgen hat, hat auch Likör.

Control

1. 1. recht, 2. dran, 3. Hunger, 4. Spaß, 5. nichts, 6. was
2. 1. Er ist extra früher gegangen. 2. Er arbeitet viel. 3. Sie hat recht. 4. Das ist eine Überraschung. 5. Wer hat gekocht? 6. Er hat Spaghetti gekocht.
3. 1. hast, 2. Ist, 3. Seid, 4. haben, 5. hat, 6. hast
4. 1. fährt, 2. isst, 3. nimmt, 4. gibt, 5. ist, 6. spricht

Lección 9

1

das Wohnzimmer	der Balkon
	die Küche
der Flur	
	die Toilette
das Schlafzimmer	das Bad

3 1. im Zentrum, 2. zwei Zimmer mit Bad, 3. Dachwohnung, 4. im Wohnzimmer, 5. 550 Euro warm, 6. im Norden
4 haben wir, Ich habe, haben wir, Ich habe
5 a2, b4, c1, d3, e6, f5
6 1. 12 (zwölf), 2. 5 (fünf), 3. 45 (fünfundvierzig), 4. 10 (zehn) Euro; 1.050 ((ein)tausend(und)fünfzig) Euro
7 baden, kochen, schlafen, wohnen, arbeiten, fahren
8 Ich finde die Wohnung super. Ich finde das Bad praktisch. Ich finde den Balkon schön. Ich finde den Kaffee gut. Ich finde das Hotel schlecht.
9 Das praktische Bad. Der nette Markus. Das schlechte Hotel. Die sympathische Daniela. Die richtige Lösung.
10 1b, 2a, 3d, 4c, 5e, 6f
11 1. eine Kantine, 2. ein Bad, 3. ein Wohnzimmer, 4. ein Balkon, 5. eine Küche, 6. ein Schlafzimmer

12 Die Kantine, Das Bad, Das Wohnzimmer, Der Balkon, Die Küche, Das Schlafzimmer
13 die Kantine, das Bad, das Wohnzimmer, den Balkon, die Küche, das Schlafzimmer
14 eine Wohnung, eine Anzeige, eine Lösung, einen Salat, ein Büro
17 5 Euro, 99 Euro, 550 Euro, 2.500 Euro, 450 Euro, 250 Euro

Libro de trabajo, página 57 / Libro de texto, página 40:
Rätsel

A = eins	K = elf	U = einundzwanzig
B = zwei	L = zwölf	V = zweiundzwanzig
C = drei	M = dreizehn	W = dreiundzwanzig
D = vier	N = vierzehn	X = vierundzwanzig
E = fünf	O = fünfzehn	Y = fünfundzwanzig
F = sechs	P = sechzehn	Z = sechsundzwanzig
G = sieben	Q = siebzehn	Ä = siebenundzwanzig
H = acht	R = achtzehn	Ö = achtundzwanzig
I = neun	S = neunzehn	Ü = neunundzwanzig
J = zehn	T = zwanzig	ß = dreißig

Answer: Viel Glück!

Control

1. 1. piso, 2. anuncio, 3. garaje, 4. 500 euros al mes sin calefacción, 5. posible ocupación inmediata, 6. El piso es acogedor.
2. 1. ein, ein, 2. einen, eine, ein, 3. keine, 4. einen, 5. Das, 6. Die
3. 1. gefunden, 2. gesagt, 3. gespart, gewohnt, 4. gelesen, 5. gemietet
4. 2 Zimmer, 35 qm, 600 Euro kalt, 0911 - 62424

Lección 10

1 a2, b6, c5, d3, e1, f4
3 Frau Bruckner: a, c, d, f, Taxifahrer: b, e
4 Straße, Verkehr, Termin, Minuten, Wasser, Viertelstunde, Stau, Nummer, Euro, Quittung
5 a3, b4, c2, d1
8 **Singular:** 2. (Frage), 4.(Auto), 7. (Quittung), 8. (Anzeige)
Plural: 1. (Kinder), 3. (Städte), 5. (Uhren), 6. (Nummern)
9 das Hobby, die Adressen, das Kind, die Hotels, der Name, die Tage, die Autos, die Nummern, die Stunde, das Land, die Fragen
10 Es ist halb zwölf. Es ist Viertel nach vier. Es ist Viertel vor elf. Es ist ein Uhr. (= Es ist eins.) Es ist zehn nach neun. Es ist zwanzig vor zehn.
12 **lang:** viel, abends, Problem, Kanal; **kurz:** links, fast, schrecklich, morgens

Libro de trabajo, página 63 / Libro de texto, página 44:
Wie weit ist das von Frankfurt?

1 Oslo 1.099 km, 2 Stockholm 1.188 km, 3 Moskau 2.023 km, 4 Warschau 892 km, 5 Brüssel 316 km, 6 Bern 363 km, 7 Wien 598 km, 8 Lissabon 1.892 km, 9 Madrid 1.447 km, 10 Athen 1.803 km
Nach Moskau ist es weiter als nach Madrid. Nach Madrid ist es weiter als nach Oslo. Nach Athen ist es weiter als nach Bern.

Control

1. 1. sind, 2. möchten, 3. Nach, 4. lange, 5. Stunde, 6. Quittung.
2. 1. El reloj va mal. 2. El reloj adelanta. 3. El reloj atrasa. 4. Aproximadamente 20 minutos. 5. Las tres y cuarto. 6. Las siete menos cuarto.
3. 1. fünfzehn Uhr zehn, 2. sechzehn Uhr fünfundfünfzig, 3. achtzehn Uhr fünfzehn, 4. neunzehn Uhr fünfundvierzig, 5. neun Uhr siebenunddreißig, 6. elf Uhr fünfundfünfzig
4. 1. die Städte, 2. die Taxis, 3. die Quittungen, 4. die Termine, 5. die Büros, 6. die Anzeigen, 7. die Häuser, 8. die Nummern

Lección 11

1 *Ejemplo:* Fahren Sie gern mit dem Zug? – Ja, sehr gern. Zug fahren ist sehr gemütlich. / Fliegen Sie gern? – Nein, nicht so gern. Fliegen ist teuer. / Fahren Sie gern mit dem Bus? Nein, nicht gern. Bus fahren dauert sehr lange.
3 11 Uhr, um 12 Uhr, um 12, heute Abend, sieben Uhr, halb acht, um halb acht, Morgen
4 1. Herr Heinrich, Frau Bruckner und Herr Kühne, 2. Herr Kühne, 3. Wir möchten Sie zum Essen einladen. 4. Um halb acht. 5. Sie fährt mit dem Zug. 6. Sechseinhalb Stunden.
5 Nein, ich habe ... keine Firma. / keinen Aufzug. / keinen Keller. / kein Archiv. / kein Sekretariat.
6 *nehmen:* den Vertrieb, *möchten:* einen Tag, *haben:* einen Bahnhof, *kennen:* die Stunde, *mieten:* eine Straße
8 Uhr, mit, wenig, Mittags, Essen, halb
9 den Bus – der, die Bahn – die, den Zug – der, das Flugzeug – das, das Auto – das
10 eine Kantine – die, einen Aufzug – der, eine Pause – die, ein Hotel – das, eine Dachwohnung – die
11 einen Termin, den Bus und die Bahn, einen Kaffee, den Hafen, den Reichstag, einen Ausflug
12 kein Tee, keine Pension – ein Hotel, keine Telefonnummer – ein Passwort, kein Vorname – ein Nachname, kein Land – ein Erdteil, keine Vorwahlnummer – eine Postleitzahl

13 kein Auto, fliege nicht, nicht gern, nicht mit dem Auto, keine Zeit, komme nicht, keine Frage

15 **1. Silbe (1ª sílaba):** Straße, Quittung, Nummer, morgens, Reise, machen, Handy, Zimmer, Mittag, München, Norden, gestern, Frage, Vorschlag
2. Silbe (2ª sílaba): Verkehr, Termin, Beruf, Geschäft, Besuch, Berlin

16 **1. Silbe (1ª sílaba):** Stadtrundfahrt, Anzeige, Telefon, arbeiten, Fahrkarte
2. Silbe (2ª sílaba): Adresse, sympathisch, Kantine, Geburtsort, Grammatik
3. Silbe (3ª sílaba): –

17 **1. Silbe (1ª sílaba):** –
2. Silbe (2ª sílaba): besichtigen, Entschuldigung
3. Silbe (3ª sílaba): buchstabieren, Informatik;
4. Silbe (4ª sílaba): interessant, Information, geradeaus

Libro de trabajo, página 69 / Libro de texto, página 48:
Buchstaben-Labyrinth

Wann haben Sie Zeit? Ich moechte (= möchte) Sie zum Essen einladen.

Control

1. 1. invitación, 2. en tren, 3. Es divertido. 4. invitar a alguien a comer, 5. esta noche, 6. propuesta

2. 1. haben, 2. einladen, 3. nehmen, 4. fahren, 5. gehen, 6. haben/machen

3. 1. ein – kein, 2. einen – keinen, 3. eine – keine, 4. einen – keinen, 5. eine – keine, 6. einen – keinen

4. 1. den Hafen, 2. den Bus, 3. den Stau, 4. den Zug, 5. den Aufzug, 6. die Kantine, 7. den Raum, 8. die Arbeit

Lección 12

1 2 der Empfang, 7 die IT-Abteilung, 1 die Buchhaltung, 8 die Redaktion, 5 das Lager, 3 das Informationszentrum, 4 die Kantine, 6 der Konferenzraum
Words that come from English: Controlling, IT, Produktion, Marketing

3 A (Informationszentrum), E (Empfang und Redaktionen), D (Buchhaltung), F (IT-Abteilung), B (Controlling), C (Kantine)

5 Wir haben, Dann haben wir, Wir sind, Dann habe ich, Das Lager habe ich, Um 12 sind

6 1f, 2c, 3e, 4a, 5b, 6d

8 4 Montag, 5 Dienstag, 6 Mittwoch, 7 Donnerstag, 8 Freitag, 9 Samstag / Sonnabend, 10 Sonntag

9 Wir arbeiten bis elf Uhr. Dann machen wir eine Pause. Um 11 Uhr 15 machen wir eine Firmenbesichtigung. Die Firmenbesichtigung dauert bis 12. Um 12 gehen wir in die Kantine. Wir essen bis eins. Dann arbeiten wir bis 3. Um 3 machen wir eine Stadtrundfahrt. Um 7 sind wir zurück im Hotel.

10 Jetzt machen wir eine Firmenbesichtigung. Um 12 Uhr komme ich in die Kantine. Heute Abend habe ich Zeit. Morgen fahre ich zurück nach München. Vielleicht nehme ich den Zug. Dann rufe ich an.

13 **1. Silbe (1ª sílaba):** Erdgeschoss, Firmenbesichtigung
2. Silbe (2ª sílaba): Empfang
3. Silbe (3ª sílaba): Redaktion, gegenüber, Konferenzräume
4. Silbe (4ª sílaba): geradeaus, Informationszentrum

Libro de trabajo, página 75 / Libro de texto, página 52: Kleine Tipps

Richtig: 1. Man schüttelt sich die Hand bei Geburtstagen und Festen. Geschäftspartner schütteln sich die Hand.
2. *Mahlzeit* sagt man nur mittags bei der Arbeit. Der Gruß ist hässlich, sagen viele.
3. Pünktlichkeit ist in Deutschland wichtig. Man sagt: *Tut mir leid, dass ich zu spät komme. / Ich komme leider ein paar Minuten zu spät.*

Control

1. 1. Konferenzraum, 2. Kantine, 3. Einladung, 4. Lager, 5. Informationszentrum, 6. Redaktion

2. 1. Hier ist kein Platz. 2. Ich glaube nicht. 3. Da geradeaus. 4. Das macht Spaß. 5. Ich verstehe.

3. 1. Heute besichtigen wir den Hafen. 2. Um eins nehmen wir den Bus. 3. Morgen haben wir Raum 3. 4. Bis 18 Uhr ist das Casino geöffnet. 5. Am Vormittag besichtigen wir die Firma. 6. Mittwoch fahre ich wieder zurück.

4. mögen, du magst, er / sie mag; geben, du gibst, er / sie gibt; fahren, du fährst, er / sie fährt; nehmen, du nimmst, er / sie nimmt; schlafen, du schläfst, er / sie schläft

5. 1. Berlin, 2. Circa 30 Euro, 3. Zentrum, 4. S-Bahn, 5. Ja

Lección 13

3. Brot oder ein Brötchen, Müsli, nur Brot und Butter, einen Löffel, noch einen Teller, mein Messer und meine Gabel, ein Ei, Eier esse ich nicht

4. geschlafen, spät, weg, gleich, Brot, Magst

5. Möchtest, möchtest, mag, mag, mag, möchte

6. mein Bruder, deine Schwester, Meine Schwester, deine Geschwister, deine Eltern, Meine Eltern

8. früh, Frühstück, Mittag, Eltern, Geschwister

9. Test, Ei, Dachwohnung, Eltern, Wort, Sprache

10. kein Auto, keine Uhr, keine Geschwister, keine Zeit, keine Semesterferien, keinen Hunger

11. deine Fahrkarte, dein Handy, dein Kaffee, dein Frühstück, mein Bruder – meinen Bruder, meine Schwester – meine Schwester

12. nicht dein Frühstück – mein Frühstück, nicht deine Schwester – meine Schwester, nicht deine Fahrkarte – meine Fahrkarte, nicht dein Auto – mein Auto, nicht deine Uhr – meine Uhr, nicht dein/mein Problem – mein/dein Problem

13. Niki heißt Bat mit Familiennamen. Er wohnt und arbeitet in Berlin und ist auch hier geboren. Deshalb ist nur der Familienname Chinesisch, nicht der Vorname. Er spricht auch kein Chinesisch. Aber er möchte die Sprache gern lernen. Die Eltern sind 1960 nach Deutschland gekommen. Jetzt haben sie ein chinesisches Restaurant. Das ist das Restaurant in der Hafenstraße. Das Essen dort ist sehr gut, sagt man.

Libro de trabajo, página 81 / Libro de texto, página 56: Wörtersalat

Länder und Kontinente: Australien, Spanien, Korea, Polen, Italien, Japan, Europa, Asien, Deutschland
Familie: Tante, Onkel, Sohn, Mädchen, Junge, verheiratet, Großeltern, Eltern, Vater, Mutter, Tochter, Opa, Oma
Jahr, Jahreszeit, Woche und Tag: Frühling, Freitag, Sonnabend, Donnerstag, Sommer, Sonntag, Montag, Wochenende, Mittwoch, Dienstag
Essen und Trinken: Restaurant, Tasse, Milch, Tee, Käse, Kaffee, Marmelade
Berufe: Regisseur, Hausfrau, Hausmann, Maurer, Maler, Arzt
Wohnung: Aufzug, Bad, Wohnzimmer, Balkon, Zimmer, Flur
Stadt: Schule, Tourist, Taxifahrer, Zentrum, Zug, Bahnhof, Auto, Bahn, Flughafen, Hafen, Haltestelle

Control

1. 1. Christian ya se ha ido. 2. Dime … ¿tienes hambre? 3. Jan todavía va al colegio. 4. ¿Qué te parece? 5. Por cierto … 6. ¿De verdad?

2. 1. Vater, 2. Schwester, 3. Opa, 4. Sohn, 5. Tante, 6. Schwiegermutter, 7. Frau

3. 1. dein, 2. dein, 3. dein, 4. dein, 5. deine, 6. deine

4. 1. Möchtest, 2. mag, 3. mag, 4. Möchtest, 5. Magst, 6. mag

Lección 14

1

Monika Freud (Oma)	Helmut Freud (Opa)	
Thomas Bergmann (Vater)	Beatrice Bergmann (Mutter)	
Ralf Bergmann (Bruder)	Katrin Bergmann (Schwester)	Claudia Bergmann

3 3, 2, 1, 4

4 Wir waren, Das war, Wir hatten, Niki und Claudia waren, Wie war, Hattet ihr

5 1. Katrin ist die Schwester von Claudia. Sie ist Regisseurin. 2. Robert findet eine Regisseurin interessant. 3. Robert spricht gut Englisch, aber nicht perfekt. 4. Robert, Claudia und Niki waren in England. Sie waren in einer Sprachenschule. Sie haben Englisch gelernt. 5. Claudias Mutter hat gekocht.

6 a1, b3, c2, d4, e5

8 Spargel mit Butter und Kartoffeln

9 waren, waren, hatte, war, waren, hatte, war

10 es, ihn, sie, sie, ihn, sie

11 Lieblingsstadt, Lieblingsbruder, Lieblingsschwester, Lieblingsfilm, Lieblingshotel, Lieblingsregisseur, Lieblingszimmer

12 Tschechien - Tschechisch, Polen - Polnisch, Russland - Russisch, Türkei - Türkisch, Japan - Japanisch, Spanien - Spanisch, Italien - Italienisch, China - Chinesisch, Korea - Koreanisch, Österreich - Österreichisch, Schweiz - Schweizerisch, Mexiko - Mexikanisch, Ungarn - Ungarisch, Griechenland - Griechisch

Libro de trabajo, página 87 / Libro de texto, página 60: Das mögen wir!

a4, b3, c5, d1, e2, f6

Control

1. 1. Französisch, 2. Polnisch, 3. Österreichisch, 4. Türkisch, 5. Australisch, 6. Chinesisch, 7. Slowenisch, 8. Italienisch

2. 1. hatte, 2. hatte, 3. waren, 4. hatte, 5. war, 6. waren

3. 1. es, 2. sie, 3. es, 4. sie, 5. sie, 6. sie

Lección 15

1 Robert – Student, Claudia – Medien-Designerin, Claudias Mutter – Malerin, Claudias Vater – Controller, Claudias Schwester – Regisseurin, Claudias Bruder – Schüler

3 1. Er war bei Claudias Eltern. 2. Er ist Ingenieur. 3. Sie ist Malerin. 4. Er geht noch zur Schule. 5. Sie heißt Katrin. 6. Er findet sie interessant.

4 Das ist Claudias Bruder. Das ist Claudias Schwester. Das ist Claudias Mutter. Das ist Claudias Großvater. Das ist Claudias Vater. Das ist Claudias Freund.

5 waren, sind, ist Ingenieur, ist Malerin, ist bald fertig, war auch da, ist Regisseurin

8 *Ejemplo:*
Liebe Eltern,
herzliche Grüße aus Rom. Ich bin noch im Hotel, aber ich habe bald eine Wohnung.
Sie ist sehr klein, aber das reicht.
Liebe Grüße
Martin

9 Ralfs Mutter, Maxis Eltern, Maries Bruder, Frau Lehmanns Tochter, Herrn Müllers Sohn, Birgits Auto

10 c, d, e, a, b, g, f

11 Regisseur – Regisseurin, Maler – Malerin, Studentin – Studentin, Übersetzerin – Übersetzerin, Ingenieur – Ingenieurin, Frisör – Frisörin, Medien-Designer – Medien-Designerin, Schornsteinfeger – Schornsteinfegerin, Hausmann – Hausfrau, Handwerker – Handwerkerin, Kellner – Kellnerin, Notarzt – Notärztin, Informatiker – Informatikerin, Techniker – Technikerin, Lehrer – Lehrerin, Schüler – Schülerin, Arzt – Ärztin, Taxifahrer – Taxifahrerin, Verkäufer – Verkäuferin, Koch – Köchin, Rechtsanwalt – Rechtsanwältin, Kfz-Mechaniker – Kfz-Mechanikerin, Redakteur – Redakteurin, Busfahrer – Busfahrerin

Libro de trabajo, página 93 / Libro de texto, página 64:
Berufe

Taxifahrer – Taxifahrerin, Lehrer – Lehrerin, Frisör – Frisörin, Verkäufer – Verkäuferin, Student – Studentin, Politiker – Politikerin, Maurer – ./., Schornsteinfeger – Schornsteinfegerin, Arzt – Ärztin, Hausfrau – Hausmann, Geschäftsmann – Geschäftsfrau

Control

1. 1. Franz ist Übersetzer. 2. Ulrike ist Ärztin. 3. Tommy ist Taxifahrer. 4. Steffi ist Schülerin. 5. Frau Sommer ist Malerin. 6. Herr Gruber ist Verkäufer.

2. 1. die Politikerin, 2. der Geschäftsmann, 3. die Ärztin, 4. der Verkäufer, 5. die Studentin, 6. die Ingenieurin

3. 1. Stefans Vater, 2. Filips Schwester, 3. Frau Meiers Tochter, 4. Annas Tante, 5. Ulrikes Freundin, 6. Katharinas Familie

4. 1. die Studentinnen, 2. die Ärztinnen, 3. die Freundinnen, 4. die Pilotinnen, 5. die Übersetzerinnen, 6. die Politikerinnen

5. 1. sind im Hotel, 2. Abend, 3. um halb acht, 4. eine halbe Stunde, 5. um neun Uhr

Renate Luscher

Deutsch ganz leicht A1

Selbstlernkurs Deutsch für Anfänger

Textbuch

Hueber Verlag

Quellenverzeichnis

Cover und Rücktitel: © Getty Images/iStock/RossHelen
S. 5/6: alle Fotos © Hueber Verlag, München/Heribert Mühldorfer
S. 9: München © MEV/Baeuerle Waltraud; Salzburg © MEV/Merten Hans-Peter; Bern © Thinkstock/iStock/pulpitis; Zürich © iStock/97; Wien © MEV; Berlin © MEV/Eisele Reinhard; unten © Hueber Verlag, München/Heribert Mühldorfer
S. 10: © Hueber Verlag, München/Heribert Mühldorfer
S. 13: © Thinkstock/iStock
S. 16: © Salsabila Ariadina – stock.adobe.com
S. 17/18/21: © Hueber Verlag, München/Heribert Mühldorfer
S. 24: © Digital Wisdom
S. 25: 1 © MEV; 2 © Thinkstock/iStock/Wavebreakmedia; 3 © Thinkstock/Stockbyte/Comstock; 4/5/7/Claudia/Robert © Hueber Verlag, München/Heribert Mühldorfer; 6 © Hueber Verlag, München
S. 26: © Hueber Verlag, München/Heribert Mühldorfer
S. 28: Neuschwanstein © MEV/Durz Hubert
S. 29: © Hueber Verlag, München/Heribert Mühldorfer
S. 32: unten links © fotolia/Designer_Andrea; oben rechts © Pantermedia/Danny Smyth; alle anderen © Marion Kerner, München
S. 33/37: © Hueber Verlag, München/Heribert Mühldorfer
S. 40: alle Symbole © fotolia/dehweh
S. 41/42: © Hueber Verlag, München/Heribert Mühldorfer
S. 43: Wien © MEV/Pawlitzki Micha; Frankfurt © iStock/vincevoigt; Rom © fotolia/Walter Luger; Paris © MEV/Herzig Horst; Athen © Birgit Tomaszewski, Ismaning; Sydney © Thinkstock/Stockbyte/John Foxx; Rio © Thinkstock/iStock
S. 45/49 (unten): © Hueber Verlag, München/Heribert Mühldorfer
S. 49: 1 © Getty Images/Photodisc/Keith Brofsky; 2 © Hueber Verlag, München/Dieter Reichler; 3/4 © Hueber Verlag, München/Gerd Pfeiffer; 5/6 © Hueber Verlag, München/Jens Funke; 7 © Thinkstock/ Wavebreakmedia Ltd; 8 © Thinkstock/iStock/Andrey Popov
S. 52/53 (unten): © Hueber Verlag, München/Heribert Mühldorfer
S. 53 (oben)/55: © Marion Kerner, München
S. 57/59: © Hueber Verlag, München/Heribert Mühldorfer
S. 64: © dpa Picture-Alliance/Globus Infografik
Illustrationen: Marlene Pohle, Stuttgart

5. 4. 3. | Die letzten Ziffern
2028 27 26 25 24 | bezeichnen Zahl und Jahr des Druckes.
Alle Drucke dieser Auflage können, da unverändert, nebeneinander benutzt werden.
2. Auflage 2022

Umschlaggestaltung: Sieveking · Agentur, München
Satz, Layout und Grafik: Martin Lange, Karlsfeld
Verlagsredaktion: Marion Kerner, Hans Hillreiner, Hueber Verlag, München
Druck und Bindung: Friedrich Pustet GmbH & Co. KG, Regensburg
Printed in Germany
ISBN 978-3-19-557480-8 (Paket Englisch – Print-Ausgabe)
ISBN 978-3-19-557481-5 (Paket Türkisch – Print-Ausgabe)
ISBN 978-3-19-557482-2 (Paket Spanisch – Print-Ausgabe)
ISBN 978-3-19-557483-9 (Paket Russisch – Print-Ausgabe)

Art. 530_02743_002_03

Inhalt

Vorwort

Liebe Deutsch-Lernende,

Sie haben einen Deutsch-Selbstlernkurs erworben und möchten die Sprache lernen, die Muttersprache für 100 Millionen Menschen ist. Damit Sie schnell und fundiert vorankommen, werde ich Ihnen den Kurs kurz vorstellen. In dem Package finden Sie:

1. ein Zweisprachiges Arbeitsbuch,
2. ein Textbuch und
3. ein MP3-Download unter www.hueber.de/audioservice.

Das *Arbeitsbuch* ist Ihr Leitfaden, der Sie Schritt für Schritt sicher durch den Kurs führt. Wichtig: Bevor Sie weitermachen, lesen Sie immer zuerst die *Anweisung* im Arbeitsbuch. Wir geben Ihnen Lektion 1 als Muster:

T A — S. 5/6 + S. 5-7
Dialog mit Übungen:
Arbeiten Sie mit dem Textbuch und dem Arbeitsbuch parallel. Im Arbeitsbuch finden Sie die Piktogramme der Höraufnahmen (mit Tracknummer) und die Übersetzung der Übungsanweisungen.

A — S. 7-8
Grammatik – Neue Wörter – Übungen:
Arbeiten Sie entsprechend der Nummerierung weiter im Arbeitsbuch. Es vermittelt Ihnen ausführlich die Grammatik, die im Textbuch nur als kurze Notizen dargestellt ist.

A — S. 9
Aussprache:
Weiter im Arbeitsbuch finden Sie Übungen zur Aussprache.

T A — S. 8 + S. 9
Kulturelle Info:
Zum Abschluss machen Sie eine auflockernde Übung, lösen ein Rätsel oder machen ein Spiel – jeweils im Textbuch auf der letzten Seite einer Lektion. Übersetzungen und Erklärungen dazu finden Sie im Arbeitsbuch.

A — S. 10
Test:
Der Test am Ende jeder Lektion sagt Ihnen, ob Sie wiederholen und weitermachen können.

Im Anhang finden Sie sämtliche *Lösungen* und das komplette *Glossar*. Sollten Sie ein Wort nicht verstehen oder vergessen haben, schauen Sie bitte im Glossar nach. So lernen Sie am schnellsten. Am Ende werden Sie ca. 900 Wörter kennen. Sie werden so viel gelernt haben, dass Sie sich gut im Alltag verständigen, telefonieren und einfache Briefe schreiben können.

Nun also viel Spaß! Und noch ein kleiner Tipp: Hören Sie nicht auf diejenigen, die behaupten, Deutsch sei eine schwere Sprache. Wir überzeugen Sie vom Gegenteil!

Ihre
Renate Luscher

Guten Tag oder Hallo!

1 Ordnen Sie zu.

a. ◯ Guten Tag!
b. ◯ Guten Morgen!
c. ◯ Guten Abend!
d. ◯ Auf Wiedersehen!
e. ◯ Tschüs!

2 Das sind Jürgen Heinrich, Chris Bruckner, Robert und Claudia

Jürgen Heinrich

Chris Bruckner

Robert Klein

Claudia Bergmann

1A
Guten Tag. Sind Sie Herr Heinrich?
Ja, das bin ich.
Mein Name ist Bruckner, Chris Bruckner.
Guten Tag, Frau Bruckner. Herzlich willkommen.

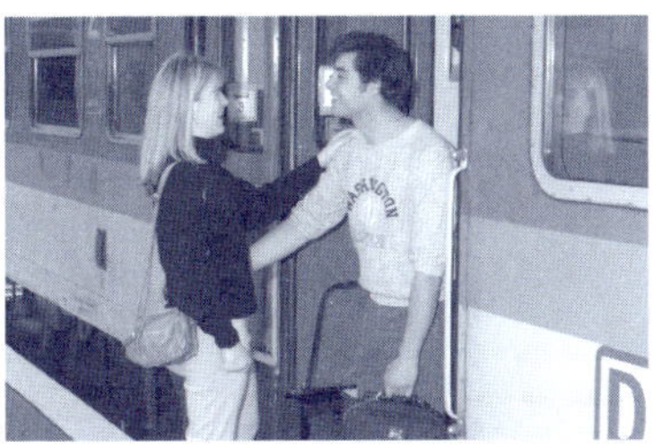

1B
Hallo, Rob.
Hallo, Claudia.
Wie geht's dir?
Danke, gut.

Übungen – und ein bisschen Grammatik

3 Hören Sie. Wie ist die Reihenfolge?

___ Mein Name ist Bruckner, Chris Bruckner.

___ Guten Tag, Frau Bruckner. Herzlich willkommen.

___ Ja, das bin ich.

_1_ Guten Tag, sind Sie Herr Heinrich?

___ Wie geht's dir?

___ Hallo, Claudia.

___ Danke, gut.

___ Hallo, Rob.

4 Was passt zusammen?

Hallo, Rob.	Danke, gut. Und Ihnen?
Wie geht es Ihnen?	Hallo, Claudia.
Guten Tag, ich bin Chris Bruckner.	Gut, danke.
Wie geht's dir?	Guten Tag, Frau Bruckner. Herzlich willkommen.
Sind Sie Herr Heinrich?	Ja, das bin ich.

5 Ergänzen Sie.

Sie

Guten Tag. Sind ______ Herr Heinrich?

Ja, das bin ich.

Mein Name ist Bruckner. Chris Bruckner.

______ ______, ______ Bruckner, herzlich willkommen.

du

__________, Rob.

__________, Claudia.

Wie geht's?

Danke, gut.

6 Ergänzen Sie.

Sie

______ Sie Herr Fischer?
Ja, das ______ ich.

Mein Name ______ Graf.
Guten Tag, Frau Graf.

du

______ du Eva?
Ja, ich ______ Eva.

Ich ______ Markus. Und du?
Tag, Markus. Ich ______ Eva.

sein
ich bin ...
Mein Name **ist** ...
Sind Sie ...?

7 Was passt? Hören Sie und markieren Sie.

1. Guten Tag.
☐ Danke, gut.
☐ Guten Tag.

2. Wie geht's?
☐ Danke, gut.
☐ Ich bin Julia.

3. Hallo.
☐ Mein Name ist Schulte.
☐ Hallo.

4. Hallo, ich bin Micha. Und du?
☐ Ich bin Felix.
☐ Hallo, hallo.

8 Was passt? Schreiben Sie.

1.
- ● Guten Tag, Frau Bruckner.
- ▸ ______________________
- ● Herzlich willkommen.

a. Guten Tag.
b. Tag, Robert.
c. Danke.

2.
- ● Sind Sie Herr Heinrich?
- ▸ ______________________
- ● Guten Tag, ich bin Chris Bruckner.

a. Hallo, Chris.
b. Tag, Chris.
c. Ja, das bin ich.

3.
- ● Hallo, Robert.
- ▸ Hallo, Claudia.
- ● ______________________

a. Wie geht's?
b. Wie geht es Ihnen?
c. Danke, gut.

Guten Tag, Servus, Grüezi

Hören Sie.

Norddeutschland = 1
Bayern = 2
Österreich = 3
Schweiz = 4

Schreiben Sie. 1, 2, 3 oder 4?

___ Guten Tag.
___ Grüß Gott.
___ Grüezi.
___ Hallo.
_2_ Griaß di.

___ Servus.
___ Auf Wiedersehen.
___ Uf Widerluege.
___ Baba.

___ Tschüs.
___ Salut.
___ Auf Wiederschaun.
___ Pfiat di.

Hören Sie und vergleichen Sie.

Woher kommen Sie?

1 *Wo ist ...?* Suchen Sie die Städte. (Seite 8)

- Berlin
- München
- Wien
- Zürich
- Salzburg
- Bern

Sagen Sie: *Da ist ...*

2 Herr Heinrich und Frau Bruckner im Auto

Frau Bruckner: Sind Sie aus Berlin, Herr Heinrich?

Herr Heinrich: Ja, klar. Und Sie, woher kommen Sie?

Frau Bruckner: Aus Österreich, ich bin aus Wien. Aber ich lebe in München. Schon lange.

Herr Heinrich: Sind Sie gern in München?

Frau Bruckner: Ja, sehr gern. Ich wohne schon fünf Jahre dort.

Herr Heinrich: Kennen Sie Berlin?

Frau Bruckner: Ja, aber nicht gut.

Übungen – und ein bisschen Grammatik

3 Markieren Sie die passenden Verben.

Ich **komme** aus Wien
Ich **wohne** / **lebe** in München
Ich **bin** in Berlin.
Ich **kenne** Berlin nicht gut.

1. ____________ Sie aus Berlin?

☐ Wohnen ☐ Sind ☐ Leben

2. Woher ____________ Sie?

☐ kommen ☐ wohnen ☐ leben

3. Ich ____________ aus Wien.

☐ bin ☐ wohne ☐ lebe

4. Aber ich ____________ in München.

☐ komme ☐ lebe ☐ kenne

5. ____________ Sie gern in München?

☐ Kennen ☐ Sind ☐ Kommen

6. Ja, ich __________ schon fünf Jahre dort.

☐ komme ☐ wohne ☐ kenne

4 Was passt?

Herr Heinrich ist ________________________________.
Er lebt ________________________________.
Frau Bruckner kommt ________________________________.
Sie wohnt aber ________________________________.
Sie lebt schon ________________________________.
Sie kennt ________________________________.

in München | aus Berlin | in Berlin | fünf Jahre dort | Berlin nicht gut | aus Österreich

5 Fragen Sie Chris Bruckner. Markieren Sie die richtige Antwort.

Woher **kommen** Sie?
Kommen Sie aus ...?

1. Sind Sie aus Berlin?

☐ Ja, klar.
☐ Nein, ich bin aus Wien.

2. Wohnen Sie in München?

☐ Nein, in Berlin.
☐ Ja, schon lange.

3. Kennen Sie Berlin?

☐ Nein.
☐ Ja, aber nicht gut.

6 Antworten Sie. Was ist richtig?

1. Sind Sie aus Köln?
- ☐ Ja, ich bin aus München.
- ☐ Nein, aus München.
- ☐ Ich wohne in München.

2. Kennen Sie Berlin?
- ☐ Ja, gern.
- ☐ Nein, ich kenne Berlin.
- ☐ Ja, klar.

3. Sind Sie Herr Schuler?
- ☐ Nein, ich bin Herr Schuler.
- ☐ Ja, das bin ich.
- ☐ Ja, ich bin Herr Müller.

7 Wir fragen – Sie antworten

Hallo, ...

wie geht's dir? / wie geht's Ihnen?	Danke, gut. Danke, sehr gut. Danke, es geht. Ach, nicht so gut.
geht's dir gut? / geht's Ihnen gut?	Ja, super. Na ja, es geht. Ach, nicht so gut.

8 Schreiben Sie.

Herr Heinrich ____________________ (leben) in Berlin.

Frau Bruckner ____________________ (wohnen) in München.

Wo ____________________ (wohnen) Sie?

Frau Bruckner ____________________ (kommen) aus Wien.

Woher ____________________ (kommen) Sie?

Frau Bruckner ____________________ (kennen) Berlin nicht gut.

____________________ (kennen) Sie Berlin?

Städte-Quiz

Wie heißt die Stadt?
Schreiben Sie die Städtenamen.

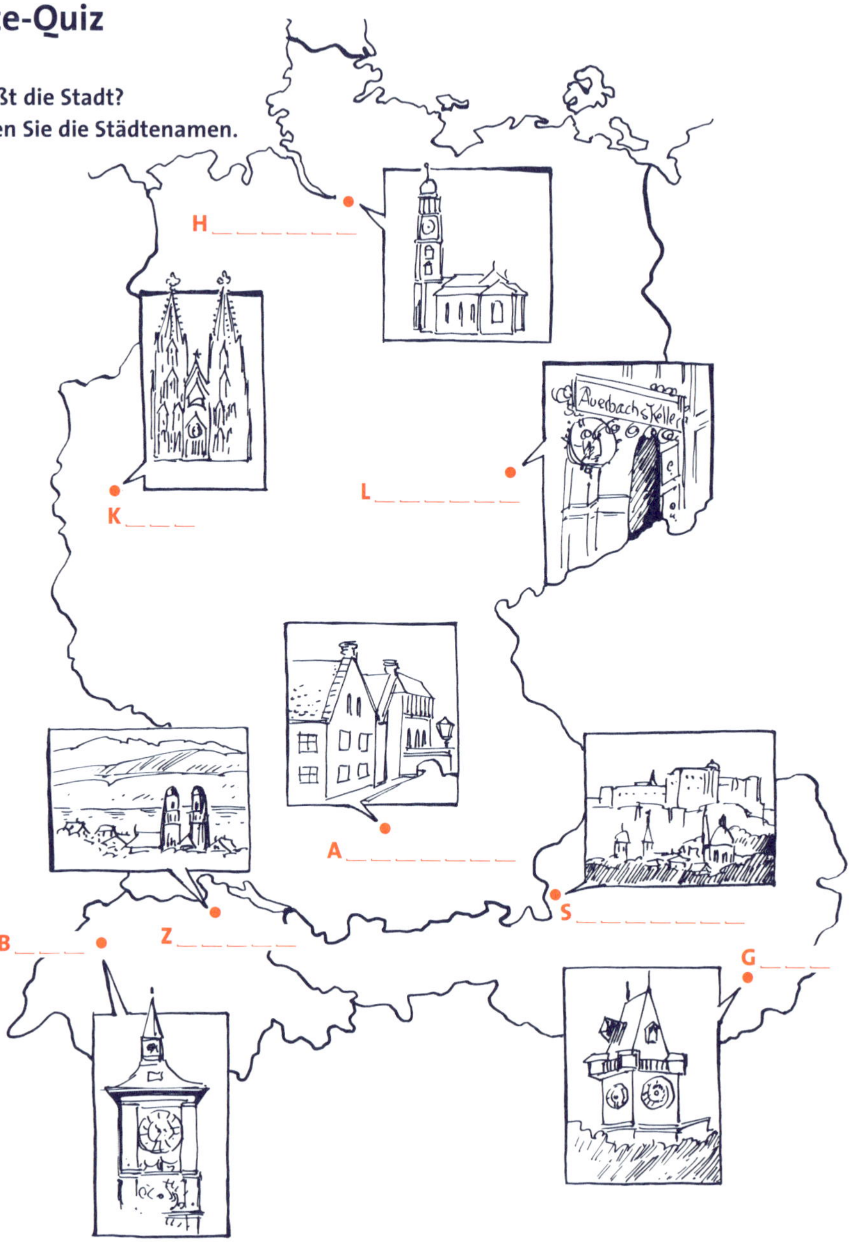

Was ist D, A, CH?

D ist ______________________________.

A ist ______________________________.

CH ist die __________________________.

Im Hotel

1 Ordnen Sie zu.

a. der Name
b. der Vorname
c. der Geburtsort
die Adresse:
  d. der Ort
  e. die Postleitzahl
  f. die Straße
  g. das Land
h. die Unterschrift

[ ] Stuttgart
[ ] Julian
[ ] Deutschland
[d] Berlin
[ ] 10543
[ ] Groß
[ ] Neue Straße 10
[ ] *Julian Groß*

2 Die Hotelanmeldung

Das ist die Visitenkarte von Frau Bruckner. Schreiben Sie die Hotelanmeldung.

Lernfabrik GmbH
Christine Bruckner
Robert-Koch-Straße 10
81825 München
Deutschland
Tel.: 089 / 439 44 88
Fax: 089 / 439 44 89
E-Mail: bruckner@lernfabrik.de

Hotelanmeldung

Name ______ Vorname ______ Geburtsort ______

Adresse: Straße ______

PLZ ______ Ort ______ Land ______

Unterschrift

Übungen – und ein bisschen Grammatik

**3 Wie ist Ihr Name?
Schreiben Sie Ihre Hotelanmeldung.**

Hotelanmeldung

Name ❶ ________ Vorname ❷ ________

Geburtsort ❸ ________

Adresse: ❹

Straße ❺ ________

PLZ ❻ ________ Ort ❼ ________

Land ❽ ________

Unterschrift

4 Frage und Antwort

a. ◯ Wie heißen Sie?
b. ◯ Wie ist Ihr Name?
c. ◯ Wie ist Ihr Vorname?
d. ◯ Woher kommen Sie?
e. ◯ Wo sind Sie geboren?
f. ◯ Wie ist Ihre Adresse?
g. ◯ Wie heißt die Straße?
h. ◯ Wie heißt der Ort?
i. ◯ Wie ist die Postleitzahl?

5 Was gehört zusammen? Schreiben Sie das Nomen mit Artikel.

der Name
die Adresse
das Land

_____ ______________
_____ ______________
_____ ______________
_____ ______________
_____ ______________
_____ ______________
_____ ______________

der, die, der, der, die, das, die

Ort, Name, Postleitzahl, Vorname, Straße, Adresse, Land

6 Wie heißt das Wort?

L ☐ N D
U N ☐
V O ☐ N A M E
H ☐ R R
D A ☐
U N T E R ☐ C H R I F T
N A M ☐

7 Ein Formular – Füllen Sie aus.

Familienname ______	Nationalität ______
Vorname/Vornamen ______	Adresse
Geburtsname ______	Straße/Platz/Nummer ______
Geburtsort ______	Postleitzahl/Stadt ______
Geburtsland ______	Land ______
Geburtsdatum ______ Tag ______ Monat ______ Jahr	
Familienstand ☐ ledig ☐ verheiratet ☐ geschieden	Pass-Nummer/Ausweis-Nummer ______
Geschlecht ☐ weiblich ☐ männlich	______ Datum/Unterschrift

8 Was gehört zusammen?

der Pass | der Name | der Ort | männlich
ledig | das Hotel | der Geburtsort | Datum

das Geburtsjahr | der Vorname | die Postleitzahl | weiblich
das Visum | Unterschrift | verheiratet | die Adresse

9 Schreiben Sie, wie Sie heißen, woher Sie kommen und wo Sie wohnen. Sprechen Sie die Sätze.

Ich ______________________.
Ich komme ______________________ (= Land)
und wohne ______________________. (= Stadt)

10 *aus* und *in*

Petra und Jens
leben ______ Leipzig.
wohnen ______ Dresden.
kommen ______ Halle.
sind ______ Berlin.

Ausländer in Deutschland

Was sagt der Reporter? Was sagt der Mann? Schreiben Sie den Dialog.

Aus Deutschland.
Entschuldigen Sie, woher sind Sie?
Özcan Saglem.
Ja klar, ich bin aus Berlin. Ich wohne hier.
Aha.
Aus Deutschland?
Und wie heißen Sie?

Jetzt hören Sie zu. Vergleichen Sie.

Smalltalk

1 Ordnen Sie zu.

Wie geht's?	1	2	4	
Wie ist das Wetter?	☐	☐		
Wie ist das Hotel?	☐	☐	☐	
Wie war die Reise?	☐	☐	☐	

1 Gut, danke.
2 Nicht sehr gut. Leider.
3 Das ist prima.
4 Es geht, danke.

2 Frau Bruckner und Herr Kühne im Büro

4A

Herr Kühne: Guten Tag, Frau Bruckner. Wie geht's? Wie war die Reise?
Frau Bruckner: Guten Tag, Herr Kühne. Danke, gut.
Herr Kühne: Und wie ist das Hotel?
Frau Bruckner: Auch gut. Und nicht weit. Sie sind ja direkt im Zentrum.
Herr Kühne: Ja, das ist sehr praktisch.

4B

Frau Bruckner: Das Wetter ist auch prima.
Herr Kühne: Ja, es ist schön und sehr warm. Wie ist es denn in München?
Frau Bruckner: Leider schlecht. Es regnet schon zwei Tage.
Herr Kühne: Da haben Sie hier Glück. Kennen Sie die Stadt?
Frau Bruckner: Nicht sehr gut.
Herr Kühne: Dann machen wir eine Stadtrundfahrt. Vielleicht morgen?
Frau Bruckner: Ja, gerne.

Übungen – und ein bisschen Grammatik

3 Hören Sie den Dialog. Markieren Sie die Person.

a.	Wie war die Reise?	☐	☐
b.	Danke, gut.	☐	☐
c.	Und wie ist das Hotel?	☐	☐
d.	Das ist sehr praktisch.	☐	☐
e.	Auch gut.	☐	☐
f.	Das Wetter ist auch prima.	☐	☐
g.	Wie ist es denn in München?	☐	☐
h.	Leider schlecht.	☐	☐
i.	Kennen Sie die Stadt?	☐	☐
j.	Dann machen wir eine Stadtrundfahrt.	☐	☐

4 Was ist richtig (✓)? Was ist falsch (✗)? Markieren Sie.

Ja. – Nein.
Ja, das ist gut.
– **Nein**, das ist **nicht** gut.

a.	Das Hotel ist	☐ gut.	☐ nicht gut.
b.	Das Hotel ist	☐ direkt im Zentrum.	☐ nicht im Zentrum.
c.	Das ist	☐ praktisch.	☐ nicht praktisch.
d.	Das Wetter in Berlin ist	☐ schlecht.	☐ nicht schlecht.
e.	Es regnet	☐ in München.	☐ in Berlin.
f.	Frau Bruckner kennt Berlin	☐ sehr gut.	☐ nicht sehr gut.

5 Lesen Sie.

Frau A.: Guten Tag. Wie geht's?
Herr B.: Guten Tag. Danke, gut. Und Ihnen?
Frau A.: Danke. Auch gut.
Herr B.: Wie war die Reise?
Frau A.: Es geht.
Herr B.: Wohnen Sie im Hotel Berlin?
Frau A.: Nein, ich bin im Hotel Amsterdam.
Herr B.: Ah, im Amsterdam.
Frau A.: Ja, das ist sehr praktisch. Direkt im Zentrum.
Herr B.: Ja, und sehr schön ist es auch.

6 Was ist richtig?

- ☐ Frau A. kommt aus Amsterdam.
- ☐ Frau A. wohnt im Hotel Amsterdam.

- ☐ Herr B. wohnt im Amsterdam.
- ☐ Frau A. wohnt im Amsterdam.

- ☐ Das Hotel ist sehr praktisch.
- ☐ Das Hotel ist nicht schön.

7 Ein Interview
Lesen Sie zuerst die Antworten. Hören Sie dann und sprechen Sie Ihre Antwort.

	☺	☹
a. Wie geht es Ihnen?	Danke, sehr gut.	Danke, nicht so gut.
b. Wie war die Reise?	Danke, gut.	Es geht.
c. Wie ist das Hotel?	Prima.	Nicht gut.
d. Wie ist das Wetter?	Es ist warm und schön.	Es ist sehr schlecht.
e. Kennen Sie Berlin?	Ja, gut.	Nicht gut.

8 Hören Sie. Schreiben Sie das Adjektiv.

gut – praktisch – weit – schön – schlecht – prima – warm
*Das ist **prima / gut / schön**.*

Herr Kühne: Guten Tag, Frau Bruckner. Wie geht's? Wie war die Reise?

Frau Bruckner: Guten Tag, Herr Kühne. Danke, __________.

Herr Kühne: Und wie ist das Hotel?

Frau Bruckner: Auch __________. Und nicht __________. Sie sind ja direkt im Zentrum.

Herr Kühne: Ja, das ist sehr __________.

Frau Bruckner: Das Wetter ist auch __________.

Herr Kühne: Ja, es ist __________ und sehr __________. Wie ist es denn in München?

Frau Bruckner: Leider __________. Es regnet schon zwei Tage.

Herr Kühne: Da haben Sie hier Glück. Kennen Sie die Stadt?

Frau Bruckner: Nicht sehr __________.

Herr Kühne: Dann machen wir eine Stadtrundfahrt. Vielleicht morgen?

Frau Bruckner: Ja, gerne.

Ländernamen

Ergänzen Sie die Ländernamen und suchen Sie alle Namen mit -land. Wie viele sind es?

Neus _ _ l _ _ _ _	En _ l _ _ _ _	Tü _ _ ei	_ uss _ _ _ _
D _ _ _ sch _ _ _ _ _	Ö _ _ _ rr _ _ ch	C _ _ _ a	
Ko _ _ _	_ ta _ _ _ _ _	B _ _ si _ _ _ _ _	

Erkennen Sie das Land? Ordnen Sie die Ländernamen zu.

- ◯ Korea
- ◯ Österreich
- ◯ China
- ◯ Deutschland
- ◯ Brasilien
- ◯ England
- ◯ Russland
- ◯ Neuseeland
- ◯ Türkei
- ◯ Italien
- ◯ Frankreich

Wie lange fahren wir denn?

1 Wer sagt das?

a. ◯ Oh, das ist schön.

b. ◯ Aha, ich verstehe.

c. ◯ Ja, klar. Ich komme. Noch fünf Minuten.

d. ◯ Nein, nein, das ist nicht richtig.

e. ◯ Na ja, das ist nicht schlimm.

2 Claudia und Robert nehmen die S-Bahn

5A

Robert: Was kostet die Fahrkarte?
Claudia: Zwei Euro.
Robert: Aha. Das habe ich. Wo ist der Automat?
Claudia: Nein, nein, ich mache das.
Robert: Das ist nett. Vielen Dank. Wie lange fahren wir denn?
Claudia: Eine Stunde.
Robert: Wie bitte?
Claudia: Ja, eine Stunde und fünf Minuten. Du bist hier in Berlin und nicht in Rosenheim!
Robert: Ja, ja. Berlin ist eine Großstadt und Rosenheim ist eine Kleinstadt.

5B

Claudia: Morgen haben wir das Auto. Niki fährt mit der S-Bahn.
Robert: Super. Wann kommt Niki denn nach Hause?
Claudia: Heute kommt er spät. Er arbeitet wieder furchtbar viel.
Robert: Und ich arbeite furchtbar wenig.
Claudia: Hast du ein Glück!

Übungen – und ein bisschen Grammatik

3 **Lesen Sie den Text. Ergänzen Sie das Fragewort.**

Was / Wo / Wie / Wann / Wie lange

Robert: ________ kostet die Fahrkarte?
Claudia: Zwei Euro.
Robert: Aha. Das habe ich. ________ ist der Automat?
Claudia: Nein, nein, ich mache das.
Robert: Das ist nett. Vielen Dank. ______________ fahren wir denn?
Claudia: Eine Stunde.
Robert: ________ bitte?
Claudia: Ja, eine Stunde und fünf Minuten. Du bist hier in Berlin und nicht in Rosenheim!
Robert: Ja, ja. Berlin ist eine Großstadt und Rosenheim ist eine Kleinstadt.
Claudia: Morgen haben wir das Auto. Niki fährt mit der S-Bahn.
Robert: Super. __________ kommt Niki denn nach Hause?
Claudia: Heute kommt er spät. Er arbeitet wieder furchtbar viel.
Robert: Und ich arbeite furchtbar wenig.
Claudia: Hast du ein Glück!

Hören Sie jetzt den Text noch einmal.

4 **Das ist falsch! Korrigieren Sie.**

Das ist falsch.	**Das ist richtig.**
Die Fahrkarte kostet drei Euro.	______________________
Robert und Claudia sind in Rosenheim.	______________________
Rosenheim ist eine Großstadt.	______________________
Berlin ist eine Kleinstadt.	______________________
Niki arbeitet nicht viel.	______________________
Robert arbeitet viel.	______________________

5 *Wie bitte?* Lesen Sie. Ergänzen Sie.

B: Ihr Name, bitte.
A: Babecki.
B: Wie bitte?
A: Ich ______ Babecki.
B: Vorname?
A: Bitte?
B: Wie ______ Ihr Vorname?
A: Witold.
B: Danke. Geboren?
A: Wie bitte?
B: Wo ______ Sie geboren?
A: In Warschau.
B: Adresse?
A: Wie bitte?
B: Wie ______ Ihre Adresse?
A: Das Hotel?
B: Ja, bitte.
A: Europa.
B: Das Hotel ______ Europa?
A: Ja, Hotel Europa.
B: Danke sehr.

Hören Sie jetzt und vergleichen Sie.

> ***Woher kommst du?***
> *Ich komme aus Deutschland. /*
> ***Aus Deutschland.***

6 Ein paar Fragen – Antworten Sie ganz kurz.

	lang	kurz
Was kostet die Fahrkarte?	Sie kostet zwei Euro.	______
Wie lange fahren wir?	Wir fahren eine Stunde.	______
Niki fährt mit der S-Bahn.	Das ist super.	______
Wie kommt Niki nach Hause?	Er fährt mit der S-Bahn.	______
Wann kommt Niki nach Hause?	Er kommt spät.	______
Arbeitest du viel?	Nein, ich arbeite furchtbar wenig.	______

> *eine Stadt – zwei Städte*
> *ein Land – zwei Länder*
> *eine Stunde – zwei Stunden*

7 Schreiben Sie den Singular.

Wie lange fahren wir? – Zwei Stunden.	Eine ______________.
Was kosten die Fahrkarten?	Was kostet d____ ______________?
Ich habe ein paar Fragen.	Ich habe eine ______________.
Sind das Hotels?	Ist das ein ______________?
Sind München und Hamburg Großstädte?	Ist Hamburg eine ______________?
Sind Hamburg und Bremen Bundesländer?	Ist Bremen ein ______________?

Nachbarländer

Welche Länder sind das?
Hören Sie die Ländernamen. Notieren Sie.

_______________ _______________ _______________

_______________ _______________ _______________

_______________ _______________ _______________

Schreiben Sie die Länder in die Landkarte.

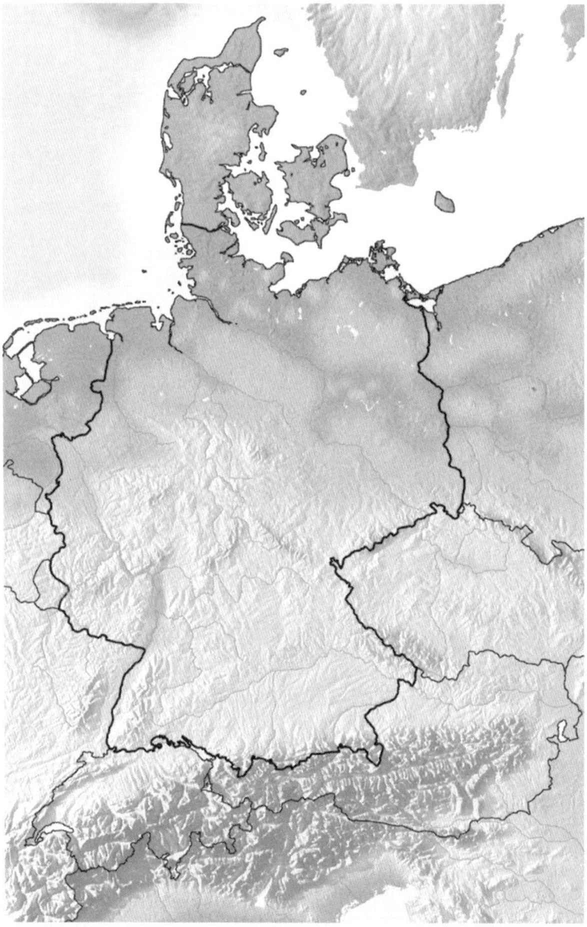

Wer ist Claudia? Wer ist Robert?

1 Wer ist wer? Ordnen Sie zu.

a. ◯ Robert Klein: 25 Jahre, Student. Hobbys: Reisen, Partys.

b. ◯ Niki Bat: 28 Jahre, Informatiker. Hobbys: Job und Karriere.

c. ◯ Katrin Sommer: 18 Jahre, Schülerin. Hobbys: Facebook, Deutsch, Geschichte.

d. ◯ Wolf Elberfeld: 45 Jahre, Ingenieur. Hobbys: Fußball.

e. ◯ Patrick Neumann: 30 Jahre, Geschäftsmann. Hobbys: Tennis, Ski fahren.

f. ◯ Claudia Bergmann: 23 Jahre, Medien-Designerin. Hobbys: Reisen, Sprachen.

g. ◯ Nanni Köhler: 52 Jahre, Ärztin. Hobbys: Musik.

2 Claudia und Robert

6A

Claudia ist in Berlin geboren.
Sie ist 23 Jahre alt.
Sie ist Medien-Designerin von Beruf.
Sie arbeitet bei Art & Design.
Ihre Hobbys sind Reisen und Sprachen.
Ihre Handy-Nummer ist 0174 – 32 38 66.

6B

Robert kommt aus Rosenheim.
Das ist eine Kleinstadt in Bayern.
Sie liegt südlich von München.
Robert studiert in München Informatik.
Er ist 25 Jahre alt und Student.
Er hat viele Hobbys und immer wenig Zeit.
Seine Handy-Nummer ist 0175 – 34 71 75.
Seine Telefonnummer ist 08031 – 14 05 91.
Robert kennt Claudia und Niki schon ein Jahr.
Er findet Claudia sehr sympathisch.

Übungen – und ein bisschen Grammatik

3 Woher kommt Robert? Wo studiert Robert? Wo ist er jetzt? Ergänzen Sie die Sätze.

B________: Hier ________ Claudia und Niki.

R________: Hier ________ Robert.

M________: Hier ________ Robert.

Berlin

München

Rosenheim

4 Was fehlt?

________ ist Claudia?

Claudia ist in Berlin ________.

Sie ist 23 ________ alt.

Sie ist Medien-Designerin von ________.

Sie arbeitet ________ Art & Design.

Ihre ____________ sind Reisen und Sprachen.

________ ist Robert?

Robert kommt ________ Rosenheim.

Er studiert in ____________ Informatik.

Er ist 25 Jahre und ____________.

Er hat viele Hobbys und immer wenig ________.

Robert kennt Claudia und Niki schon ein Jahr.

Er ____________ sie sehr sympathisch.

> **Wer** ist das?
> Woher ...? Wo ...?
> Wie (lange) ...? Was ...?

5 Wir fragen – Sie antworten

Wo ist Claudia geboren?	Sie ist ____________________
Wie alt ist sie?	Sie ist ____________________
Was ist sie von Beruf?	Sie ist ____________________
Wo arbeitet sie?	____________________
Was sind Ihre Hobbys?	Ihre Hobbys sind ____________________
Woher kommt Robert?	____________________

6 Wie findest du das?

a. ◯ Das finde ich schön.
b. ◯ Das finde ich schlecht.
c. ◯ Das finde ich nicht richtig.
d. ◯ Das finde ich praktisch.
e. ◯ Das finde ich richtig.
f. ◯ Das finde ich schwer.

❶ Er isst viel.

❷ Das ist ein Geschenk.

❸ Er isst gut.

❹ Er übt Grammatik.

❺ Das ist verboten!

❻ Das ist neu.

7 Wie bitte? Fragen Sie wie im Beispiel.

Beispiel:
● Ich heiße Sebastian Mittler.
► Wie bitte? Wie heißen Sie?

1. Ich wohne in Nürnberg.
2. Ich arbeite bei Lernsoft.
3. Ich bin Medien-Designer von Beruf.
4. Ich bin aus Rosenheim.
5. Mein Vorname ist Sebastian.
6. Mittler ist mein Name.

8 Wie finden Sie die? Ergänzen Sie die Person und das Adjektiv.

- Robert / Chris Bruckner / Jürgen Heinrich
- sympathisch / nett / nicht so sympathisch / nicht besonders nett

Ich finde Claudia ________________________________.
Ich finde ________________________________.
Ich finde ________________________________.
Ich finde ________________________________.

Ein Schloss in Bayern

Beantworten Sie die Fragen.

1. Wo liegt Neuschwanstein?
im Süden / München

____

2. Das sind …

- ☐ 500 Kilometer
- ☐ 150 Kilometer
- ☐ 1.000 Kilometer
- ☐ 2.000 Kilometer

3. Was kostet das Ticket?

____

Entschuldigung!

1 Ergänzen Sie.

Was möchten Sie trinken?

______________________, bitte.

Mit _______________ und ________________?

Bitte mit _______________________________.

Kaffee

Tee

Milch

Zucker

2 Kaffee trinken im Büro

Herr Heinrich: Möchten Sie etwas trinken? Kaffee?

Frau Bruckner: Haben Sie auch Tee?

Herr Heinrich: Ja, natürlich. – Oh, tut mir leid. Der Tee ist schon kalt.

Frau Bruckner: Dann nehme ich Kaffee.

Herr Heinrich: Möchten Sie Milch und Zucker?

Frau Bruckner: Nur Milch, bitte.

Herr Heinrich: Entschuldigung …

Frau Bruckner: Macht nichts.

Herr Heinrich: Hier ist eine Serviette.

Frau Bruckner: Vielen Dank.

Herr Kühne: Also: Wir arbeiten jetzt bis Mittag. Dann machen wir eine Stunde Pause und gehen in die Kantine. Einverstanden?

Frau Bruckner: Einverstanden.

Übungen – und ein bisschen Grammatik

3 Wie ist die Reihenfolge?

1 Herr Kühne: Also: Wir arbeiten jetzt bis Mittag. Dann machen wir eine Stunde Pause und gehen in die Kantine. Einverstanden?
Frau Bruckner: Einverstanden.

2 Herr Heinrich: Möchten Sie etwas trinken? Kaffee?
Frau Bruckner: Haben Sie auch Tee?
Herr Heinrich: Ja, natürlich. – Oh, tut mir leid. Der Tee ist schon kalt.

3 Herr Heinrich: Entschuldigung …
Frau Bruckner: Macht nichts.
Herr Heinrich: Hier ist eine Serviette.
Frau Bruckner: Vielen Dank.

4 Frau Bruckner: Dann nehme ich Kaffee.
Herr Heinrich: Möchten Sie Milch und Zucker?
Frau Bruckner: Nur Milch, bitte.

Reihenfolge: ___ ___ ___ ___

4 Fragen Sie.

1. Entschuldigung, sind ___
2. Entschuldigung, wo ___
3. Entschuldigung, möchten ___
4. Entschuldigung, wie ___
5. Entschuldigung, woher ___
6. Entschuldigung, was ___
7. Entschuldigung, wann ___

a. Sie noch Kaffee?
b. Sie Herr Heinrich?
c. kommen Sie?
d. ist die Kantine?
e. kostet die Fahrkarte?
f. machen wir Pause?
g. ist Ihr Name?

5 Kreuzworträtsel

1 senkrecht — Tut mir ________, der Tee ist schon kalt.
2 senkrecht — Wir arbeiten bis ________________.
3 waagerecht — Nehmen Sie Zucker? – Ja, ________.
4 waagerecht — Dann gehen wir in die ________________.
5 senkrecht — Trinken Sie Kaffee? – Nein, nur ________.

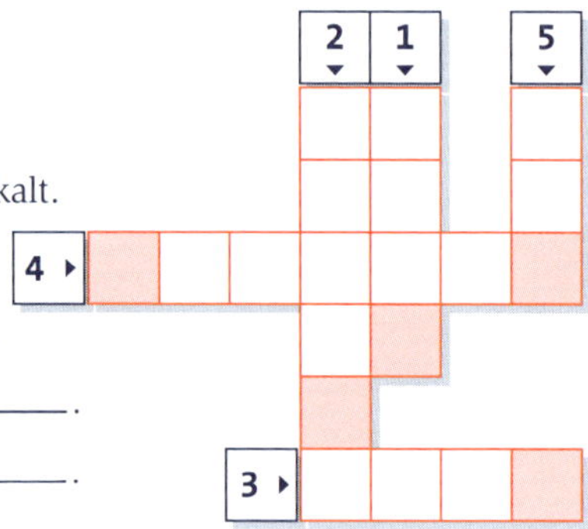

6 Hören Sie die Frage. Antworten Sie höflich. Hören Sie dann die Antwort.

möchten
Ich **möchte** ...
Möchten Sie ...?

a. Möchten Sie eine Pause machen?	☐ Ja, gerne.	☐ Ja.	☐ Morgen.
b. Möchten Sie Kaffee oder Tee?	☐ Tee, bitte.	☐ Kaffee.	☐ Nein.
c. Möchten Sie eine Serviette?	☐ Ja.	☐ Ja, danke.	☐ Aha.
d. Möchten Sie auch Zucker?	☐ Nein.	☐ Ja, bitte.	☐ Milch.
e. Möchten Sie Milch und Zucker?	☐ Nur Milch, bitte.	☐ Ja.	☐ Nein.
f. Möchten Sie in die Kantine?	☐ Nein.	☐ Ja.	☐ Ja, gerne.

7 Was passt nicht? Schreiben Sie.

a. Frau	Mann	Kind	Fahrkarte	*Fahrkarte*
b. Hobby	Studentin	Student	Universität	______
c. Handy	Sprache	Smartphone	Telefon	______
d. Land	Name	Geburtsort	Buchstabe	______
e. warm	kalt	schön	sympathisch	______
f. Tag	Informatik	Stunde	Minute	______

8 Notizen von Chris Bruckner

Ergänzen Sie: gut / Beruf / fünf Jahre / alt / Herr / liegt / Chef.

Dienstag, 24.

Firma Europartner: Das Büro ______ direkt im Zentrum. Die Adresse ist sehr ______. Die Firma ist schon ______ ______ dort. Herr Kühne und ______ Heinrich sind sehr sympathisch.

Herr Kühne ist der ______, 40 Jahre ______, von Beruf Informatiker.

Herr Heinrich ist der Marketing-Chef. Er ist von ______ Ingenieur.

Kaffee trinken

Wo sind wir? In Deutschland, in der Schweiz oder in Österreich?

In ______________________.

- ● Bitte eine Tasse Kaffee.
- ► Möchten Sie Kaffee, Espresso oder Cappuccino?
- ● Kaffee, bitte, mit Milch und Zucker.

Wo sind wir? In Deutschland, in der Schweiz oder in Österreich?

In ______________________.

- ● Bitte eine Tasse Kaffee.
- ► Möchten Sie Milchkaffee, einen großen Braunen, einen kleinen Braunen oder ...?
- ● Oh, kann ich bitte die Karte haben?
- ► Bitte sehr.
- ● Bitte einen Kaffee mit Milch.
- ► Gern.

Wo sind wir? In Deutschland, in der Schweiz oder in Österreich?

In ______________________.

- ● Bitte eine Tasse Kaffee.
- ► Möchten Sie Kaffee oder eine Schale?
- ● Eine Schale?
- ► Das ist Milchkaffee.
- ● Ah ja, gerne.

Zu Hause

1 Hier fehlt was. Ergänzen Sie die Vokale.

i
e
a
ei
e
o
e
e
e
e
e
a
e

__ rb __ __ t __ n

k __ ch __ n

tr __ nk __ n

__ ss __ n

spr __ ch __ n

f __ hr __ n

2 Zu Hause bei Claudia und Niki

Niki: Hallo, Robert!
Robert: Hallo, Niki. Du bist ja zu Hause!
Niki: Na klar. Ich bin extra früher gegangen.
Robert: Das ist prima. Und? Wie geht's?
Niki: Gut. Alles bestens.
Robert: Claudia sagt, du arbeitest viel.
Niki: Ach was! Von nichts kommt nichts, sagt man. Die Arbeit macht auch Spaß.
Claudia: Aber jetzt machen wir Pause.
Niki: Du hast recht, Claudia.
Claudia: Und jetzt essen wir was. Robert, hast du Hunger?
Robert: Immer.
Niki: Nun bin ich dran. Ich habe nämlich eine Überraschung! Es gibt heute Spaghetti und Salat. Ich habe gekocht!
Claudia: Bah, klasse. Und was trinken wir?

Übungen – und ein bisschen Grammatik

3 Ergänzen Sie. Hören Sie dann noch einmal und korrigieren Sie.

Hunger / prima / Spaß / Pause / zu Hause / Überraschung / recht / Salat

Niki: Hallo, Robert!
Robert: Hallo, Niki. Du bist ja _____ ______________!
Niki: Na klar. Ich bin extra früher gegangen.
Robert: Das ist ______________. Und? Wie geht's?
Niki: Gut. Alles bestens.
Robert: Claudia sagt, du arbeitest viel.
Niki: Ach was! Von nichts kommt nichts, sagt man. Die Arbeit macht auch _______.
Claudia: Aber jetzt machen wir ______________.
Niki: Du hast ______________, Claudia.
Claudia: Und jetzt essen wir was. Robert, hast du ______________?
Robert: Immer.
Niki: Nun bin ich dran. Ich habe nämlich eine ____________________! Es gibt heute Spaghetti und ______________. Ich habe gekocht!
Claudia: Bah, klasse. Und was trinken wir?

4 Buchstabensalat

Suchen Sie die Wörter H _ _ _ _ _ und D _ _ _ _ _ .

Z	E	W	Q	C	V	Z	T
T	Z	V	Q	W	E	Z	N
C	H	U	N	G	E	R	T
A	N	D	U	R	S	T	E
B	B	E	E	R	B	T	Z
A	B	C	D	E	F	G	H
H	G	F	E	D	C	B	A
Ö	Ä	Ü	S	E	Ü	Ä	Ö

5 Was sagen Robert, Niki und Claudia? Markieren Sie.

a. Robert: Du bist ja ☐ zu Hause. ☐ im Büro.
b. Niki: Ich bin extra ☐ später gegangen. ☐ früher gegangen.
c. Robert: Du arbeitest ☐ viel. ☐ nicht. ☐ wenig.
d. Niki: Du hast ☐ recht. ☐ nicht recht.
e. Claudia: Robert, hast du ☐ Hunger? ☐ Zeit? ☐ Glück?
f. Niki: Es gibt ☐ nichts. ☐ Kaffee und Tee. ☐ Spaghetti und Salat.

6 Ergänzen Sie.

Er ________________ (sein) früher nach Hause gegangen.
Er ________________ (sein) mit dem Auto gefahren.
Er ________________ (haben) viel gearbeitet.
Die Arbeit ____________ (haben) Spaß gemacht.
Er ________________ (haben) Spaghetti gekocht.
Wir ________________ (haben) nichts gegessen.
Wir ________________ (haben) nichts getrunken.

	sein	haben
ich	bin	habe
du	bist	hast
er / sie	ist	hat
wir	sind	haben
ihr	seid	habt
Sie / sie	sind	haben

7 Was sagen Sie?

a. Es gibt eine Überraschung! *Klasse!* — klasse / prima / schade
b. Habt ihr schon ein Hotel? ____________ — na klar / macht nichts / ach was
c. Studierst du noch? ____________ — bestens / ach was / na klar
d. Wie geht's zu Hause? ____________ — na ja / bestens / schade
e. Du arbeitest zu viel! ____________ — prima / na klar / na ja
f. Robert hat immer recht. ____________ — ach was / klasse / na klar
g. Ich komme heute nicht. ____________ — schade / prima / macht nichts

8 Tagebuch von Robert

Ergänzen Sie: gekommen / Hause / recht / arbeitet / und / gemacht / fahren / fährt

Dienstag, 24.

Bei Claudia und Niki: Ich bin bei Claudia und Niki zu ____________. Niki ist heute extra früher nach Hause ____________. Claudia sagt, er ____________ viel. Das stimmt. Sie hat ____________.
Niki hat gekocht. Wir haben Spaghetti ____________ Salat gegessen. Das hat Spaß ____________. Morgen ____________ wir in die Stadt. Claudia hat das Auto. Niki ____________ mit der S-Bahn.

Sprichwörter

Ergänzen Sie die Wörter.

studieren / Rat / Zeit / Ton / Apfel / probieren / Musik / Likör / Sorgen / Stamm

Kommt __________, kommt __________.

Der __________ fällt nicht weit vom __________.

__________ geht über __________.

Der __________ macht die __________.

Wer __________ hat, hat auch __________.

Die Wohnung ist schön

1 Wo ist was?

das Wohnzimmer

das Schlafzimmer

die Küche

das Bad

die Toilette

der Flur

der Balkon

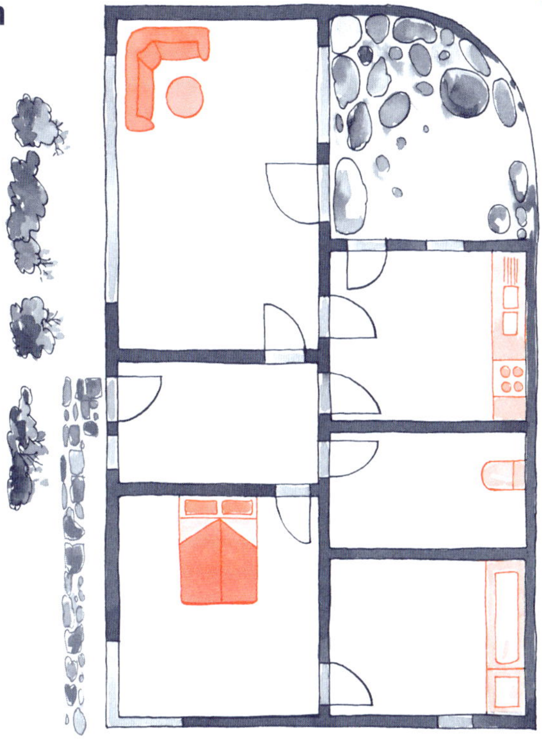

2 Zwei Zimmer, Küche und Bad

Die Wohnung von Claudia und Niki ist nicht groß. Sie ist aber sehr gemütlich. Ein Zimmer mit Bad, das reicht, hat Niki immer gesagt. Und jetzt haben sie zwei Zimmer, eine Küche und ein Bad. Auch für Besuch ist Platz. Robert schläft im Wohnzimmer.
Claudia hat lange zu Hause gewohnt und die Miete gespart. Niki hat im Zentrum gewohnt. Dann haben sie die Wohnung im Norden von Berlin gefunden.

Claudia hat die Anzeige gelesen.

Berlin-Frohnau
Dachwohnung mit Balkon, 45 qm, 2 Zimmer, Küche, Bad, 550 Euro monatlich warm, ab sofort frei. Telefon: 030 – 884421.

Übungen – und ein bisschen Grammatik

3 Was ist richtig? Markieren Sie.

1. Niki hat
- ☐ zu Hause
- ☐ im Zentrum

gewohnt.

2. Die Wohnung von Claudia und Niki hat
- ☐ ein Zimmer mit Bad.
- ☐ zwei Zimmer mit Bad.
- ☐ drei Zimmer.

3. Es ist
- ☐ eine Dachwohnung.
- ☐ eine 3-Zimmer-Wohnung.
- ☐ eine 1-Zimmer-Wohnung.

4. Robert schläft
- ☐ im Wohnzimmer.
- ☐ im Hotel.
- ☐ im Schlafzimmer.

5. Die Miete ist
- ☐ 500 Euro kalt.
- ☐ 550 Euro warm.
- ☐ 750 Euro kalt.

6. Die Wohnung ist
- ☐ im Norden
- ☐ im Osten
- ☐ im Westen

von Berlin.

4 Sie sind jetzt Claudia. Sagen Sie *ich* und *wir*.

Die Wohnung ist nicht groß. Sie ist aber sehr gemütlich. Ein Zimmer mit Bad, das reicht, hat Niki immer gesagt. Und jetzt ______ _____ sogar zwei Zimmer, eine Küche und ein Bad. Auch für Besuch ist Platz. Robert schläft im Wohnzimmer.
____ ______ lange zu Hause gewohnt und die Miete gespart. Niki hat im Zentrum gewohnt. Dann ______n ___ die Wohnung gefunden. _____ _____e die Anzeige gelesen.

5 *Mieten, Mieten, Mieten* ... Ordnen Sie zu.

a. ◯ 3-Zimmer-Wohnung, 90 m^2, neu, S-Bahn, 900 Euro kalt

b. ◯ 4-Zimmer-Wohnung in Landsberg, sehr schön, 104 m^2, ab sofort, 600 Euro kalt

c. ◯ Dachwohnung mit 2 Zimmern, 500 Euro monatlich

d. ◯ Garage, 100 Euro monatlich

e. ◯ 1-Zimmer-Appartement, 37 m^2, mit Balkon, Bad/WC, 400 Euro monatlich

f. ◯ Einfamilienhaus, 190 m^2, 2 Bäder, 1.300 Euro

1

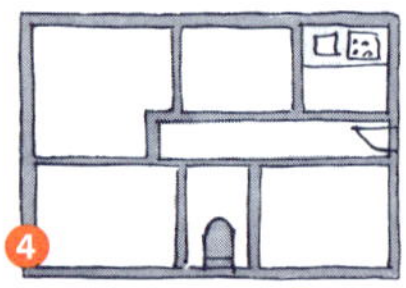
4

2

5

3

6

6 Wir rechnen.

3 + 3 = 6	drei **plus** drei **gleich** sechs
3 – 3 = 0	drei **minus** drei **gleich** null
3 x 3 = 9	drei **mal** drei **gleich** neun
3 : 1 = 3	drei **(geteilt) durch** eins **gleich** drei

1. Das Schlafzimmer hat drei mal vier Meter. Das sind ________ Quadratmeter.
2. Der Balkon hat fünf mal ein Meter. Das sind ________ Quadratmeter.
3. Das Wohnzimmer hat 16 Quadratmeter, das Schlafzimmer 12 Quadratmeter, das Bad 6, die Küche 5, der Flur 6: Die Wohnung hat also ________ Quadratmeter.
4. Miete 450 €, Quadratmeter 45: Das sind 450 durch 45 gleich ________ € pro Quadratmeter. Gehalt 1.500 € minus Miete. Bleiben ________ €.

7 Ergänzen Sie die Verben.

arbeiten | baden | fahren | kochen | wohnen | schlafen

Bad: ____________

Küche: ____________

Schlafzimmer: ____________

Wohnzimmer: ____________

Arbeit: ____________

Fahrkarte: ____________

8 Wie finden Sie das?

Wie finden Sie die Wohnung? – Super. Ich ______________________________

Wie finden Sie das Bad? – Praktisch. ______________________________

Wie finden Sie den Balkon? – Schön. ______________________________

Wie finden Sie den Kaffee? – Gut. ______________________________

Wie finden Sie das Hotel? – Schlecht. ______________________________

Hören Sie und antworten Sie.

9 Ergänzen Sie das Adjektiv.

schön
der schön**e** Flur
das schön**e** Bad
die schön**e** Wohnung

Das Bad ist praktisch. Das ________________ Bad.

Markus ist nett. Der ________________ Markus.

Das Hotel ist schlecht. Das ________________ Hotel.

Daniela ist sympathisch. Die ________________ Daniela.

Die Lösung ist richtig. Die ________________ Lösung.

Rätsel

Ergänzen Sie die Zahlen.

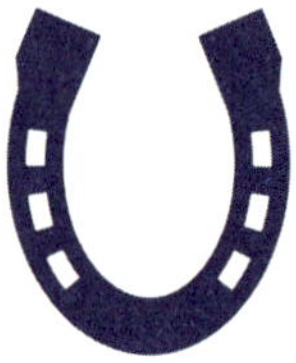
Ein Hufeisen

Ein Fliegenpilz

Ein Schornsteinfeger

A	=	eins	**P**	=	_______
B	=	zwei	**Q**	=	siebzehn
C	=	drei	**R**	=	_______
D	=	_______	**S**	=	_______
E	=	_______	**T**	=	_______
F	=	_______	**U**	=	_______
G	=	_______	**V**	=	_______
H	=	_______	**W**	=	_______
I	=	neun	**X**	=	_______
J	=	zehn	**Y**	=	_______
K	=	_______	**Z**	=	sechsundzwanzig
L	=	_______	**Ä**	=	siebenundzwanzig
M	=	_______	**Ö**	=	achtundzwanzig
N	=	_______	**Ü**	=	neunundzwanzig
O	=	_______	**ß**	=	dreißig

Ein Schwein

Ein Kleeblatt

... bringt Glück.

Schreiben Sie die Buchstaben.

22	9	5	12		7	12	29	3	11	
___	___	___	___		___	___	___	___	___	!

Viel Verkehr!

1 Uhren – Ordnen Sie zu.

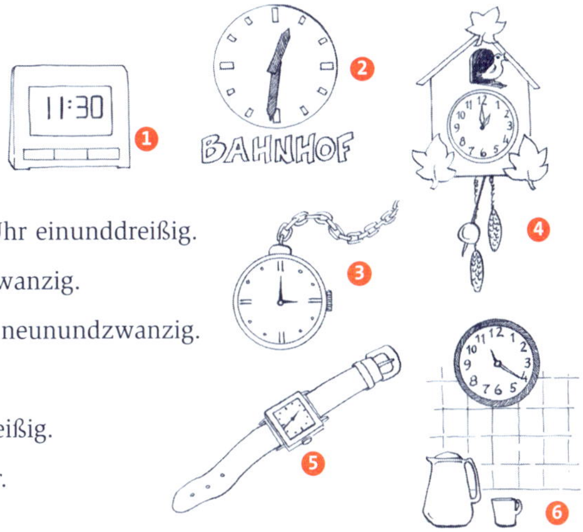

Es ist halb zwölf.

a. ◯ Die Bahnhofsuhr zeigt zwölf Uhr einunddreißig.

b. ◯ Die Küchenuhr zeigt elf Uhr zwanzig.

c. ◯ Die Armbanduhr zeigt elf Uhr neunundzwanzig.

d. ◯ Die Taschenuhr zeigt drei Uhr.

e. ◯ Die Digitaluhr zeigt elf Uhr dreißig.

f. ◯ Die Kuckucksuhr zeigt ein Uhr.

2 Chris Bruckner fährt mit dem Taxi zur Firma Europartner

Frau Bruckner: Bitte in die Potsdamer Straße Nummer 205.

Taxifahrer: Heute ist viel Verkehr. Haben Sie es sehr eilig?

Frau Bruckner: Ja, ich habe einen Termin um 10 Uhr.

Taxifahrer: Kein Problem.

Frau Bruckner: Wie weit ist es? Wie lange brauchen wir?

Taxifahrer. Ungefähr 40 Minuten. Wir nehmen die Stadtautobahn.

Frau Bruckner: Berlin hat viel Wasser. Man sieht viele Kanäle und Häfen.

Taxifahrer: Wie in Venedig.

Frau Bruckner: Fast.

Frau Bruckner: ... 78 34 ... Herr Heinrich? Bruckner hier. Ich komme leider eine Viertelstunde später. Der Verkehr .... Danke. Bis gleich.

Taxifahrer: Tut mir leid. Morgens ist immer Stau.

Frau Bruckner: In München auch: morgens, mittags, abends. Schrecklich!

...

Taxifahrer: Nummer 205? Da sind wir. 26 Euro, bitte.

Frau Bruckner: Und bitte eine Quittung.

Übungen – und ein bisschen Grammatik

3 **Wer hat das gesagt? Frau Bruckner oder der Taxifahrer? Markieren Sie.**

a. Bitte in die Potsdamer Straße.	☐	☐
b. Haben Sie es sehr eilig?	☐	☐
c. Wie lange brauchen wir?	☐	☐
d. Ich komme leider eine Viertelstunde später.	☐	☐
e. Morgens ist immer Stau.	☐	☐
f. Bitte eine Quittung.	☐	☐

4 **Ergänzen Sie.**

Verkehr / Straße / Nummer / Quittung / Viertelstunde / Termin /
Minuten / Wasser / Stau / Euro

Frau Bruckner:	Bitte in die Potsdamer ________ Nummer 205.
Taxifahrer:	Heute ist viel ________. Haben Sie es sehr eilig?
Frau Bruckner:	Ja, ich habe einen ________ um 10 Uhr.
Taxifahrer:	Kein Problem.
Frau Bruckner:	Wie weit ist es? Wie lange brauchen wir?
Taxifahrer:	Ungefähr 40 ________. Wir nehmen die Stadtautobahn.
Frau Bruckner:	Berlin hat viel ________. Man sieht viele Kanäle und Häfen.
Taxifahrer:	Wie in Venedig.
Frau Bruckner:	Fast.
Frau Bruckner:	... 78 34 ... Herr Heinrich? Bruckner hier. Ich komme leider eine ________ später. Der Verkehr ... Danke. Bis gleich.
Taxifahrer:	Tut mir leid. Morgens ist immer ________.
Frau Bruckner:	In München auch: morgens, mittags, abends. Schrecklich!
Taxifahrer:	________ 205? Da sind wir. 26 ______, bitte.
Frau Bruckner:	Und bitte eine ________.

5 Wie spät ist es?

a. ◯ Es ist 10 vor 10 (Uhr).
b. ◯ Es ist 10 nach 10 (Uhr).
c. ◯ Es ist Viertel nach 10.
d. ◯ Es ist halb elf.

1

2

3

4

6 Sprechübung
Sie nehmen jetzt ein Taxi. Hören Sie zuerst das Beispiel.
Antworten Sie, wir korrigieren.

Beispiel:
- ● Bitte in die Potsdamer Straße.
- ▸ Es ist viel Verkehr. Haben Sie es eilig?
- ● Ja, ich habe einen Termin um 10 Uhr.

1. Münchner Straße – 9 Uhr
2. Berliner Straße – 3 Uhr
3. Wiener Straße – 11 Uhr
4. Hamburger Straße – 1 Uhr

7 Ich möchte ...
Sie träumen von einer Reise. Sie sehen Fotos mit vielen Reisezielen.
Schreiben Sie: *Ich möchte nach XY fahren/fliegen.*

____
____
____

→
nach + Ort/Stadt/Land
nach Brüssel **fahren/fliegen**
nach Hause **gehen**

Wien

Frankfurt

Rom

Paris

Athen

Sydney

Rio

Sie können die Übung auch noch mündlich machen. Antworten Sie ganz kurz.

Beispiel:
Wohin möchten Sie? (Wien) → Nach Wien.

1. Wohin fahren Sie? (Frankfurt)
2. Wohin fliegen Sie? (Athen)
3. Wohin möchten Sie? (Rom)
4. Wohin fliegen Sie? (Sydney)
5. Wohin fahren Sie? (Paris)
6. Wohin möchten Sie? (Rio)

Wie weit ist das von Frankfurt?

10 Länder – 10 Hauptstädte

Notieren Sie die Hauptstädte.

Athen | Lissabon | Stockholm

Bern | Brüssel | Madrid | Oslo

Wien | Warschau | Moskau

Wie weit ist das von Frankfurt?

1.892 km	363 km
316 km	1.447 km
598 km	2.023 km
1.803 km	892 km
1.099 km	1.188 km

1. *Oslo* ____ *1.099 km*
2. ______________ ________
3. ______________ ________
4. ______________ ________
5. ______________ ________
6. ______________ ________
7. ______________ ________
8. ______________ ________
9. ______________ ________
10. ______________ ________

Ergänzen Sie.

Nach Moskau ist es __________ als nach Madrid.
Nach Madrid ist es weiter _______ nach O__________.
Nach Athen ist es __________ als nach B________.

Die Firmenbesichtigung, Teil 1

1 Markieren Sie. Sagen Sie warum.

Fahren Sie gern	ja, sehr gern	nein, nicht so gern	nein, nicht gern
mit dem Auto?	☐	☐	☐
mit dem Zug?	☐	☐	☐
mit dem Bus?	☐	☐	☐
mit der S-Bahn?	☐	☐	☐
mit dem Taxi?	☐	☐	☐
Fliegen Sie gern?	☐	☐	☐

Warum? Warum nicht?

Auto fahren ..., Taxi fahren, Fliegen ...
ist (sehr) teuer / billig / geht schnell / dauert sehr lange / macht Spaß.
... ist sehr langsam / sehr gemütlich / praktisch ...

2 Eine Einladung zum Essen und eine Besichtigung

11A

Herr Heinrich: Es ist 11 Uhr. Mein Vorschlag: Wir machen jetzt eine Firmenbesichtigung und um 12 Uhr gehen wir in die Kantine.

Herr Kühne: Gut. Ich komme um 12 in die Kantine.
Eine Frage, Frau Bruckner: Haben Sie heute Abend Zeit? Wir möchten Sie zum Essen einladen.

Frau Bruckner: Gerne.

Herr Kühne: Ist sieben Uhr in Ordnung?

Frau Bruckner: Geht auch halb acht?

Herr Kühne: Gut, um halb acht. – Wann fliegen Sie zurück?

Frau Bruckner: Morgen. Das heißt, ich fahre mit dem Zug. Das sind nur sechseinhalb Stunden.

11B

Herr Heinrich: So, hier ist also der Vertrieb: Die Geschäftsleitung und das Sekretariat sind hier geradeaus. Wir nehmen jetzt den Aufzug.
Hier ist ... Oh, Entschuldigung, das ist der Keller ... Einen Moment ...

Frau Bruckner: Und was gibt es im Keller?

Herr Heinrich: Nur das Archiv.

Übungen – und ein bisschen Grammatik

3 Ergänzen Sie den Text. Hier fehlen die Zeitangaben.

morgen / halb acht / sieben Uhr / um halb acht / heute Abend / um 12 / 11 Uhr / um 12 Uhr

Herr Heinrich: Es ist __________. Mein Vorschlag: Wir machen jetzt eine Firmenbesichtigung und __________ gehen wir in die Kantine.

Herr Kühne: Gut. Ich komme ______________ in die Kantine. Eine Frage, Frau Bruckner: Haben Sie ______________ Zeit? Wir möchten Sie zum Essen einladen.

Frau Bruckner: Gerne.

Herr Kühne: Ist ______________ in Ordnung?

Frau Bruckner: Geht auch ______________?

Herr Kühne: Gut, ______________. – Wann fliegen Sie zurück?

Frau Bruckner: __________. Das heißt, ich fahre mit dem Zug. Das sind nur 6 einhalb Stunden.

4 Was ist richtig? Markieren Sie.

1. Wer isst um zwölf in der Kantine?
- ☐ Herr Heinrich und Frau Bruckner
- ☐ Herr Heinrich, Frau Bruckner und Herr Kühne
- ☐ Frau Bruckner und Herr Kühne

2. Wer lädt ein?
- ☐ Herr Heinrich
- ☐ Frau Bruckner
- ☐ Herr Kühne

3. Was sagt Herr Kühne?
- ☐ Wir möchten Sie zum Essen einladen.
- ☐ Wir laden Sie zum Essen ein.
- ☐ Möchten Sie heute Abend essen?

4. Wann ist das Essen heute Abend?
- ☐ Um zwölf.
- ☐ Um acht.
- ☐ Um halb acht.

5. Wie fährt Frau Bruckner nach München?
- ☐ Sie fliegt.
- ☐ Sie fährt mit dem Zug.
- ☐ Sie fährt mit dem Auto.

6. Wie lange fährt sie?
- ☐ Zehn Stunden.
- ☐ Sechseinhalb Stunden.
- ☐ Sechs Stunden.

5 Antworten Sie mit *Nein*.

Haben Sie ein Auto? *Nein, ich habe kein Auto* .
Haben Sie eine Firma? ______________ .
Haben Sie einen Aufzug? ______________ .
Haben Sie einen Keller? ______________ .
Haben Sie ein Archiv? ______________ .
Haben Sie ein Sekretariat? ______________ .

einen – keinen
*Habt ihr **einen** Balkon?*
*Nein, wir haben **keinen** Balkon.*

6 Was passt nicht? Markieren Sie.

nehmen ☐ den Zug ☐ das Auto ☐ die Bahn ☐ den Aufzug ☐ den Vertrieb
möchten ☐ einen Salat ☐ ein Zimmer ☐ eine Serviette ☐ einen Tag ☐ einen Kaffee
haben ☐ einen Beruf ☐ ein Haus ☐ ein Hobby ☐ eine Frage ☐ einen Bahnhof
kennen ☐ das Wort ☐ die Stadt ☐ die Stunde ☐ die Hausnummer ☐ den Namen
mieten ☐ eine Wohnung ☐ ein Büro ☐ eine Straße ☐ ein Haus ☐ ein Zimmer

7 Üben Sie den Dialog wie im Beispiel. Hören Sie dann zu.

Beispiel:
● Hast du heute Abend Zeit?
► Ja, wann?
● Um 7 Uhr.

1. heute Abend / 18 Uhr
2. heute Abend / 8 Uhr
3. heute Abend / 20 Uhr
4. morgen / 15 Uhr

8 Notizen von Chris Bruckner

Ergänzen Sie: Uhr / halb / mit / wenig / mittags / Essen

Dienstag, 24.

Firma Europartner: 10 ______ bis 15 in der Firma, Gespräch ______ Herrn Kühne.

Wir haben nur ______ Zeit. 11 Uhr Firmenbesichtigung. ______ in der Kantine.

Einladung zum ______ heute Abend um ______ acht.

Buchstaben-Labyrinth

Der Weg ist das Ziel

Auf Sie wartet eine Überraschung. Starten Sie bei START. Suchen Sie den Weg ins Ziel. Die Buchstaben ergeben zwei Sätze. Wie heißen die Sätze?
Viel Spaß!

____ _____ ___ ____ ?

___ _______ ___ ___

_____ ________ .

Die Firmenbesichtigung, Teil 2

1 Was sehen Sie? Ordnen Sie zu.

- ◯ der Empfang
- ◯ die IT-Abteilung
- ◯ die Buchhaltung
- ◯ die Redaktion
- ◯ das Lager
- ◯ das Informationszentrum
- ◯ die Kantine
- ◯ der Konferenzraum

2 Links, rechts, geradeaus

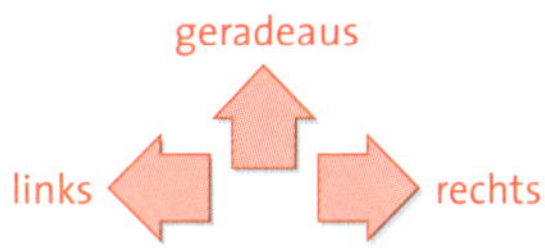

12A

Herr Heinrich: Wir sind jetzt im Erdgeschoss. Hier links ist das Informationszentrum. Hier ist auch der Konferenzraum.

Frau Bruckner: Schön! Da macht die Arbeit Spaß.

Herr Heinrich: Den Empfang und die Redaktionen haben Sie schon gesehen.
Wir gehen nach rechts. Da ist die Buchhaltung und die IT-Abteilung.
Gegenüber ist das Controlling. Da geradeaus ist die Kantine.

Frau Bruckner: Und wo haben Sie das Lager?

Herr Heinrich: Das ist nicht hier. Hier ist kein Platz.

Frau Bruckner: Ich verstehe.

Herr Heinrich: Möchten Sie das Lager besichtigen? Das ist eine Viertelstunde zu Fuß.

Frau Bruckner: Nein, ich glaube nicht.

Herr Heinrich: Dann gehen wir in die Kantine. Da kommt schon Herr Kühne ... Wir gehen in Raum 1.

12B

Kantine **Selbstbedienung**

Geöffnet von: 7.30 bis 9 Uhr
11.30 bis 14 Uhr

Gäste-Casino: Raum 1
Anmeldung: Frau Gartner
Telefon 366
Kantinenleitung: Telefon 365

Übungen – und ein bisschen Grammatik

3 Wie ist die Reihenfolge? Hören Sie den Text und notieren Sie B bis F.

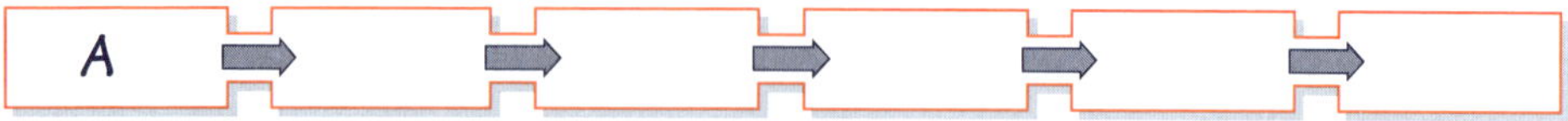

Informationszentrum (**A**) Controlling (**B**) Kantine (**C**) Buchhaltung (**D**)
Empfang und Redaktionen (**E**) IT-Abteilung (**F**)

4 Das ist die Firma Europartner. Lesen Sie den Text und zeichnen Sie dann den Weg in die Skizze.

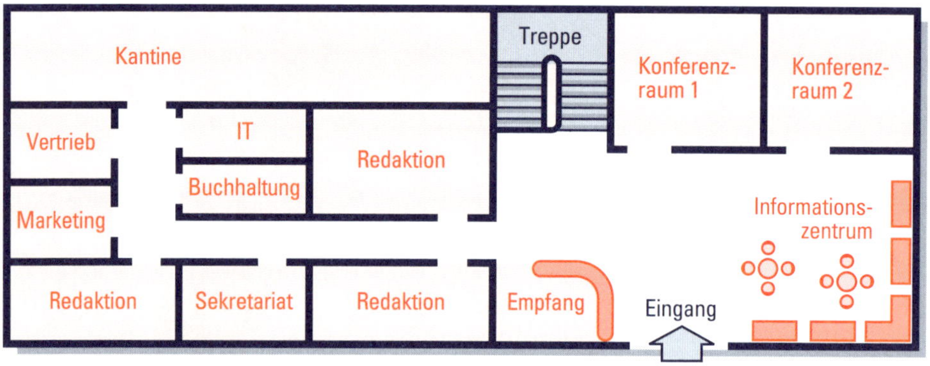

Hier ist der Empfang. Bitte nach **rechts**. Das ist das Informationszentrum und das sind die Konferenzräume. Bitte in Raum Nummer 1.

Wir gehen jetzt zurück. Das ist wieder der Empfang. Dann haben wir **links** und **rechts** die Redaktionen. **Links** sitzt Frau Bäumler. „Guten Tag, Frau Bäumler!" Frau Bäumler macht die Zeitschrift „Märkte". Wir gehen nach rechts. Dann kommt **links** die Marketing-Abteilung und der Vertrieb. Rechts sind Buchhaltung und die IT-Abteilung. **Geradeaus** kommen wir in die Kantine.

5 Frau Bruckner erzählt Herrn Kühne, was sie alles gesehen hat. Schreiben Sie die richtige Form: *haben* oder *sind*, *habe* oder *bin*.

Wir ______________ den Vertrieb gesehen.

Dann ______________ wir den Aufzug genommen.

Wir ______________ plötzlich in den Keller gefahren.

Dann ______________ ich das Erdgeschoss besichtigt.

Das Lager ___________ ich nicht gesehen.

Um 12 ______________ wir in die Kantine gegangen.

6 Ordnen Sie zu.

1 

4 

2 

5 

3 

6 

a
Geöffnet:
Dienstag bis Freitag 9 – 18.30 Uhr
Sonnabend 9 bis 13 Uhr
Montag geschlossen

b
Geöffnet:
10 – 18 Uhr
Sonnabend 10 – 12 Uhr

c
Geöffnet:
Montag bis Freitag 8 bis 20 Uhr
Sonnabend 8 bis 18 Uhr

d
Sprechstunde:
Montag bis Freitag
9 bis 12 Uhr
und 16 bis 18 Uhr

e
Geöffnet:
7 bis 23 Uhr

f
Öffnungszeiten:
Montag bis Mittwoch und Freitag
8.30 – 12.30 Uhr, 14 – 16 Uhr
Donnerstag
8.30 – 12.30 Uhr, 14 – 17.30 Uhr

7 Sprechübung. Was möchten Sie alles sehen? Hören Sie zuerst das Beispiel. Antworten Sie dann.

Beispiel:
Was möchten Sie gern sehen? (die Redaktion) → *Ich möchte die Redaktion sehen.*

1. Was möchten Sie besichtigen? (das Brandenburger Tor)
2. Was möchten Sie sehen? (die Kanäle)
3. Was möchten Sie besichtigen? (die Stadt)
4. Was möchten Sie besichtigen? (den Reichstag)
5. Was möchten Sie kennenlernen? (die Firma)
6. Was möchten Sie sehen? (das Informationszentrum)

8 Schreiben Sie die Wochentage in den Kalender.

Samstag / Sonnabend / Sonntag / Donnerstag / Dienstag / Freitag / Mittwoch

K A L E N D E R	7 ■
4 ■ *Montag*	8 ■
5 ■	9 ■
6 ■	10 ■

Kleine Tipps

***Was mache ich da? Was sage ich?* Lesen Sie den Text.**

Guten Tag und Auf Wiedersehen

Man gibt sich meistens die Hand, wenn man *Guten Tag* sagt oder auch *Auf Wiedersehen*. Aber wann tut man das und wann nicht?
Hände schütteln ist immer etwas förmlich. Geschäftspartner begrüßt man so. Gute Freunde oder Kollegen sehen sich täglich, sie tun es natürlich nicht. Sie sagen *Hallo, Guten Tag* oder *Grüß Gott* im Süden, oft auch mit dem Namen, und das ist es.
Bei Festen und Geburtstagen werden auch Freunde und Kollegen förmlich und schütteln sich die Hand.

Mahlzeit

Mittags im Büro hört man sehr oft den Gruß *Mahlzeit*. Man sagt *Mahlzeit* und antwortet mit *Mahlzeit*. Dann geht man in die Kantine oder isst etwas im Büro. Zu Hause oder im Restaurant sagt man es nie, nur bei der Arbeit.
Viele sagen, der Gruß ist nicht besonders elegant. Sie sagen extra immer nur *Guten Tag* oder *Hallo*.

Hilfe! Ich komme zu spät!

In Deutschland ist Pünktlichkeit wichtig. Wer im Geschäftsleben sehr unpünktlich ist, macht einen schlechten Eindruck. Aber manchmal passiert es doch. Dann können Sie anrufen und sagen: *Ich komme leider eine halbe Stunde später* oder Sie entschuldigen sich mit dem Satz: *Tut mir leid, dass ich zu spät komme.*

Haben Sie alles verstanden? Die Übersetzung finden Sie im Arbeitsbuch.

Was ist richtig?

1. ☐ Man schüttelt sich immer die Hand.
☐ Gute Freunde schütteln sich die Hand.
☐ Man schüttelt sich die Hand bei Geburtstagen und Festen.
☐ Geschäftspartner schütteln sich die Hand.

2. ☐ Der Gruß *Mahlzeit* ist „in".
☐ Mittags kann man *Mahlzeit* sagen.
☐ *Mahlzeit* sagt man nur im Restaurant und zu Hause.
☐ *Mahlzeit* sagt man nur mittags bei der Arbeit.
☐ Der Gruß *Mahlzeit* ist hässlich, sagen viele.

3. ☐ Pünktlichkeit ist in Deutschland wichtig.
☐ Man sagt: Tut mir leid, dass ich zu spät komme.
☐ Man sagt: Ich komme zu spät.
☐ Man sagt: Ich komme leider ein paar Minuten zu spät.

Das Frühstück

1 Ordnen Sie zu.

das Brötchen | die Butter | das Brot | der Tee | das Ei | der Teller | die Tasse | die Marmelade | das Messer | der Löffel | die Gabel | der Käse | das Obst | die Serviette

Hören Sie zu und sprechen Sie nach.

2 Es gibt Frühstück

Claudia: Hast du gut geschlafen, Robert?

Robert: Ja, sehr gut. Wie spät ist es denn?

Claudia: Acht Uhr. Niki ist schon weg. Es gibt gleich Frühstück.
Was möchtest du? Müsli, Brötchen oder Brot, Kaffee oder Tee?

Robert: Keinen Tee, ich mag lieber Kaffee.
Und dann ein Brötchen mit Butter und Marmelade.

Claudia: Eier sind auch da. Magst du ein Ei?

Robert: Ja, gern. Sag mal, Claudia, deine Eltern, wo wohnen die eigentlich?

Claudia: Ganz in der Nähe. Übrigens, meine Schwester ist da. Sie ist gestern aus Sidney gekommen. Sie hat dort ein paar Monate gearbeitet.

Robert: So? Was ist sie denn von Beruf?

Claudia: Regisseurin.

Robert: Interessant!

Claudia: Mein Bruder Ralf geht noch zur Schule. Er wohnt natürlich zu Hause.
Wir besuchen heute meine Eltern. Was meinst du?

Robert: Super, dann lerne ich endlich deine Geschwister kennen.

Übungen – und ein bisschen Grammatik

3 Ergänzen Sie.

Magst du lieber Brot oder ein Br__________?

Wer isst Mü__________? Robert, du?

Isst du Marmelade? – Nein, bitte nur Brot und Bu__________.

Ich brauche einen L__________.

Brauchst du noch einen T__________?

Wo ist mein M__________ und meine G__________?

Hier sind Eier. Magst du ein __________?

Nein, __________ esse ich nicht, aber du isst bestimmt zwei.

4 Schreiben Sie das richtige Wort.

Claudia: Hast du gut __________________ (gearbeitet / geschlafen / gegessen), Robert?

Robert: Ja, sehr gut. Wie __________ (früh / spät / eilig) ist es denn?

Claudia: Acht Uhr. Niki ist schon __________ (weg / da / aus). Es gibt __________ (später / um 11 / gleich) Frühstück.
Was möchtest du? Müsli, Brötchen oder __________________ (Butter / Brot / Marmelade), Kaffee oder Tee?

Robert: Keinen Tee, ich mag lieber Kaffee. Und dann ein Brötchen mit Butter und Marmelade.

Claudia: Eier sind auch da. _______________ (Magst / Möchten / Kennst) du ein Ei?

Robert: Ja, gern.

5 Ergänzen Sie.

__________ du jetzt frühstücken? (möchten)

Was __________ du trinken? (möchten)

Ich __________ heute kein Frühstück. (mögen)

Ich __________ keine Eier. (mögen)

Ich __________ morgens kein Brot. (mögen)

Ich __________ heute in der Stadt frühstücken. (möchten)

Kommst du mit?

mögen
Ich **mag** Kaffee.
Magst du lieber Tee?
Möchtest du noch einen Tee?

6 Ergänzen Sie.

Ralf, das ist __________ Bruder.

Wie heißt __________ Schwester?

__________ Schwester heißt Katrin.

Und wie heißen __________ Geschwister?

Wo wohnen __________ Eltern?

__________ Eltern wohnen ganz in der Nähe.

mein und **dein**
mein / dein Bruder
meine / deine Schwester
meine / deine Eltern

7 Sprechübung

Was mögen Sie lieber?
Hören Sie die Frage. Lesen Sie dann die Stichwörter und antworten Sie.
Das Bild gibt die Antwort.

Beispiel:
Was mögen Sie lieber? Kaffee oder Tee?

→ *Ich mag lieber Kaffee.*

Was mögen Sie lieber?

Kaffee oder Tee?   Zucker oder Milch?

Brot oder Brötchen?   Butter oder keine Butter?

Müsli oder Brot?   Zucker oder keinen Zucker?

8 Das Tagebuch von Robert. Hier fehlen ein paar wichtige Wörter.

früh / Mittag / Geschwister / Eltern / Frühstück

Mittwoch, 25.

Bei Claudia und Niki: Ich habe heute sehr __________ gefrühstückt. Niki habe ich nicht gesehen. Claudia hat ________________ gemacht.
Heute _________ besuchen wir die _________ und ________________ von Claudia.

Wörtersalat

Suchen Sie die Wörter. Wir haben 7 Oberbegriffe. Notieren Sie auch den Artikel.

Frühling | Restaurant | Schule | Tasse | Tourist | Taxifahrer | Zentrum | Zug
Tante | Onkel | Sohn | Mädchen | Aufzug | Junge | Australien | Bahnhof
verheiratet | Großeltern | Bad | Wohnzimmer | Freitag | Sonnabend | Balkon
Spanien | Zimmer | Auto | Milch | Bahn | Regisseur | Donnerstag | Tee
Sommer | Sonntag | Korea | Montag | Polen | Italien | Japan | Eltern | Vater
Europa | Mutter | Asien | Tochter | Deutschland | Wochenende | Mittwoch
Dienstag | Käse | Flughafen | Hafen | Hausfrau | Haltestelle | Hausmann
Flur | Kaffee | Maurer | Marmelade | Maler | Opa | Oma | Arzt

Länder und Kontinente: ____________________

Familie: ____________________

Jahr, Jahreszeit, Woche und Tag: ____________________

Essen und Trinken: ____________________

Berufe: ____________________

Wohnung: ____________________

Stadt: ____________________

Wir besuchen meine Familie

**1 Hören Sie, was Claudia erzählt.
Schreiben Sie die Namen in die Skizze.**

Oma	Opa
______ ______	______ *Freud*

Vater	Mutter
______ ______	______ *Bergmann*

Bruder	Schwester	ich
______ ______	______ ______	*Claudia* *Bergmann*

2 Die Familie

Claudia: Hallo, Katrin, lange nicht gesehen.

Katrin: Hallo, Claudia.
Du bist sicher Robert. Claudia hat schon viel von dir erzählt.

Robert: So? Wirklich?

Claudia: Tag, Mama, Tag, Papa. Das ist Robert.

Vater: Wie gefällt Ihnen Berlin, Robert?

Robert: Sehr gut.

Vater: Und woher kennen Sie Claudia und Niki?

Robert: Das war in der Sprachenschule in England. Ich hatte Semesterferien. Da bin ich nach England gefahren und habe Englisch gelernt. Und da waren auch Claudia und Niki.

Vater: Und jetzt sprechen Sie die Sprache perfekt, nicht wahr?

Robert: Nicht perfekt, aber nicht schlecht.

Mutter: Kinder, ihr habt bestimmt Hunger. Ich habe dein Lieblingsessen gekocht, Claudia.

Robert: Was ist denn dein Lieblingsessen?

Claudia: Das siehst du gleich.

Übungen – und ein bisschen Grammatik

3 Wie ist die Reihenfolge?

1 Vater: Wie gefällt Ihnen Berlin, Robert?
Robert: Sehr gut.
Vater: Woher kennen Sie Claudia und Niki?
Robert: Das war in der Sprachenschule in England. Ich hatte Semesterferien. Da bin ich nach England gefahren und habe Englisch gelernt. Und da waren auch Claudia und Niki.
Vater: Und jetzt sprechen Sie die Sprache perfekt, nicht wahr?
Robert: Nicht perfekt, aber nicht schlecht.

2 Claudia: Tag, Mama, Tag, Papa. Das ist Robert.

3 Claudia: Hallo, Katrin, lange nicht gesehen.
Katrin Hallo, Claudia.
Du bist sicher Robert. Claudia hat schon viel von dir erzählt.
Robert: So? Wirklich?

4 Mutter: Kinder, ihr habt bestimmt Hunger. Ich habe dein Lieblingsessen gekocht, Claudia.
Robert: Was ist denn dein Lieblingsessen?
Claudia: Das siehst du gleich.

Reihenfolge: ___ ___ ___ ___

4 Ergänzen Sie.

Wir ________________ in England.
Das ________________ in der Sprachenschule.
Wir ________________ Semesterferien.
Niki und Claudia ________________ auch da.
Wie ________________ das Wetter in England?
________________ ihr Glück?

hatte – war
ich habe – ich **hatte**
ich bin – ich **war**

5 Was ist richtig? Markieren Sie.

1. ☐ Katrin ist die Schwester von Claudia.
☐ Sie hat in Amerika gearbeitet.
☐ Sie ist Regisseurin.

2. ☐ Robert kennt Katrin.
☐ Robert hat Katrin in England kennengelernt.
☐ Robert findet eine Regisseurin interessant.

3. ☐ Robert spricht perfekt Englisch.
☐ Robert spricht gut Englisch, aber nicht perfekt.
☐ Robert lernt Englisch.

4. ☐ Robert, Claudia und Niki waren in England.
☐ Sie waren in einer Sprachenschule.
☐ Sie haben Englisch gelernt.

5. ☐ Claudias Mutter hat gekocht.
☐ Sie hat ein Abendessen gemacht.
☐ Sie möchte noch kochen.

6 Wir haben fünf Personen. Wer hat was gesagt?

a. ◯ Tag, Mama, Tag, Papa.
b. ◯ Wie gefällt Ihnen Berlin?
c. ◯ Ihr habt bestimmt Hunger.
d. ◯ Das war in der Sprachenschule in England.
e. ◯ Du bist sicher Robert. Claudia hat schon viel von dir erzählt.

7 Sprechübung
Lesen Sie zuerst das Beispiel und die Stichwörter.
Hören Sie dann die Frage und antworten Sie.

Beispiel:
● Wo warst du denn in den Semesterferien?
▸ (Frankreich – Französisch) → *Ich war in Frankreich und habe Französisch gelernt.*

1. England – Englisch
2. Italien – Italienisch
3. Spanien – Spanisch
4. Holland – Holländisch
5. Deutschland – Deutsch

8 Buchstabensalat

Q	S	W	B	U	Z	M	I	P	Ü
S	P	R	U	L	M	I	Z	O	V
K	A	R	T	O	F	F	E	L	N
W	R	M	T	L	K	N	B	Z	T
Y	G	I	E	Z	I	P	Ü	M	X
W	E	V	R	E	Z	U	A	V	G
H	L	J	K	A	D	L	K	N	C

Suchen Sie das Lieblingsessen von Claudia. ________ mit ________ und __________

Das mögen wir!

Hier sind sechs Zeichnungen. Ordnen Sie die sechs Texte den richtigen Zeichnungen zu.

a. ◯ Deine Lieblingsfilme kommen aus Frankreich, nicht wahr?

b. ◯ Ich nehme den Spargel mit Butter und Kartoffeln.

c. ◯ Dortmunder Bier ist mein Lieblingsbier. – So? Und das Bier aus Bayern?

d. ◯ Sie ist meine Lieblingsschwester.

e. ◯ Ist das dein Lieblingsrestaurant?

f. ◯ Wie heißt die Stadt? Sie hat einen Hafen. Das Wetter ist oft schlecht. Die Leute sind nett und freundlich.

1

2

3

4

5

6

Eine Mail von Robert

1 Ordnen Sie die Berufe zu.
Was ist er oder sie von Beruf?

Robert	Regisseurin
Claudia	Student
Claudias Mutter	Schüler
Claudias Vater	Medien-Designerin
Claudias Schwester	Malerin
Claudias Bruder	Controller

2 Robert schreibt eine E-Mail an seinen Freund Jonas

E-Mail

Jetzt senden | Später senden | Anlagen hinzufügen | Signatur | Optionen

Von: robert@klein.de

Betreff: Hallo!

Hallo Jonas,

herzliche Grüße aus Berlin. Ich bin ein paar Tage bei Freunden. Sie heißen Claudia und Niki. Ich glaube, Du kennst sie. Heute haben wir die Familie von Claudia besucht.
Die Eltern sind sehr nett. Claudias Vater ist Ingenieur. Er arbeitet als Controller. Sehr interessant! Claudias Mutter ist Malerin. Sie arbeitet aber auch als Übersetzerin.
Claudias Bruder geht noch zur Schule. Er ist bald fertig.
Die Schwester war auch da. Sie heißt Katrin und ist Regisseurin! Sie hat einen Film in Australien gemacht. Für das Fernsehen. Toll, was?
Was gibt's in München? Alles klar?

Ciao
Robert

Übungen – und ein bisschen Grammatik

3 Beantworten Sie die Fragen.

1. Wo war Robert?

[war] [bei] [Claudias Eltern.] [Er] ______________________________

2. Was ist Claudias Vater von Beruf?

[Er] [Ingenieur.] [ist] ______________________________

3. Was ist Claudias Mutter von Beruf?

[Malerin.] [Sie] [ist] ______________________________

4. Was macht Claudias Bruder?

[Er] [zur Schule.] [geht] [noch] ______________________________

5. Wie heißt Claudias Schwester?

[Katrin.] [Sie] [heißt] ______________________________

6. Wie findet Robert Claudias Schwester?

[sie] [interessant.] [Er] [findet] ______________________________

4 Claudias Familie

Wer ist Jan? – Das ist ______________ Bruder.

Wer ist Katrin? – Das ist ______________.

Wer ist Beatrice Bergmann? – ______________________.

Wer ist Helmut Freund? – ______________________.

Wer ist Thomas Bergmann? – ______________________.

Wer ist Robert Klein? – ______________ Freund.

Claudias Eltern
= die Eltern von Claudia

5 Robert erzählt. Unterstreichen Sie die richtige Form.

Wir *sind/waren* bei Claudias Eltern. Die Eltern *sind/waren* sehr nett. Claudias Vater *ist/war* Ingenieur. Er arbeitet als Controller. Sehr interessant! Claudias Mutter *ist/war* Malerin. Sie arbeitet aber auch als Übersetzerin.
Claudias Bruder geht noch zur Schule. Er *ist/war* bald fertig.
Die Schwester *ist/war* auch da. Sie heißt Katrin und *ist/war* Regisseurin! Sie hat einen Film in Australien gemacht. Für das Fernsehen. Das finde ich toll.

6 Sprechübung – Lesen Sie zuerst die Stichwörter.
Hören Sie die Frage und antworten Sie wie im Beispiel. Sie hören dann die Antwort.

Beispiel:
- Was sind Sie von Beruf?
- (Ingenieur / Ingenieurin) → Ich bin Ingenieur. / Ich bin Ingenieurin.

1. Lehrer / Lehrerin
2. Designer / Designerin
3. Arzt / Ärztin
4. Student / Studentin
5. Was ist Ihr Beruf?

7 Sprechübung
Antworten Sie wie im Beispiel. Hören Sie dann die Antwort.

Beispiel:
- Was sind Sie von Beruf?
- (Maler / Übersetzer) → Ich bin Maler / Malerin, aber ich arbeite als Übersetzer / Übersetzerin.

1. Lehrer / Verkäufer
2. Ingenieur / Lehrer
3. Lehrer / Controller
4. Student / Übersetzer
5. Techniker / Taxifahrer

8 *Ich schreibe eine Mail.*
Schreiben Sie eine Mail nach Hause. Setzen Sie die E-Mail aus den Textbausteinen zusammen.

Lieber ... (Anton), Liebe ... (Anna, Eltern), Hallo ...,

herzliche Grüße aus ... viele Grüße aus ...

Ich bin noch im Hotel ...,
aber ich habe bald eine Wohnung.
Ich habe jetzt eine Wohnung.
Ich habe jetzt eine Wohnung gefunden.

Sie ist klein, aber sehr gemütlich.
Sie ist klein und kostet nicht viel.
Sie ist groß und kostet ziemlich viel.
Sie ist sehr klein, aber das reicht.
Sie gefällt mir gut / sehr gut.

Liebe Grüße / Herzliche Grüße

Euer ... (Martin, Philipp ...) / Eure ... (Martina, Laura ...)

Berufe

Wie heißen die Berufe? Notieren Sie auch die männliche bzw. die weibliche Form.

er	fahr	Geschäfts	stein	feger	Haus
frau	mann	Mau	Fri	Schorn	Taxi
Ärzt	in	rer	Leh	Stu	Ver
rer	käufer	sör	dent	Poli	tiker

männlich – weiblich

männlich – weiblich

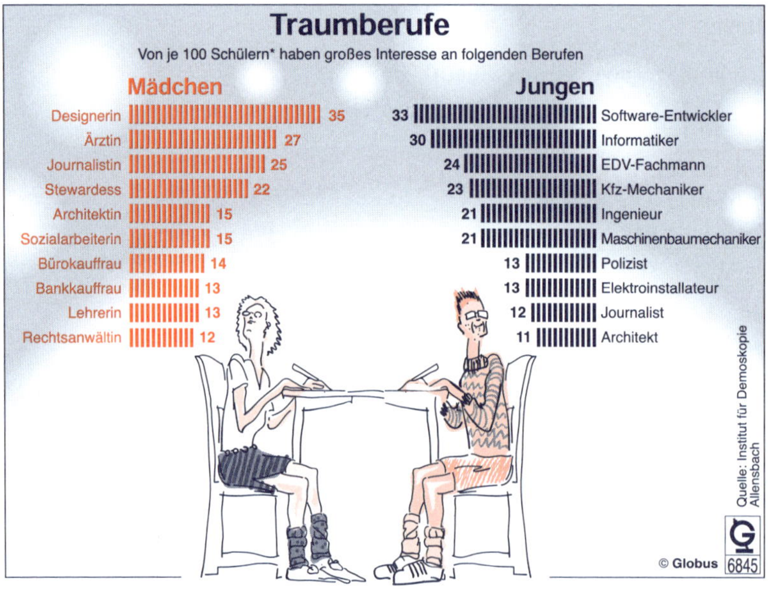